1764

Anonyme

La pure vérité... réponse à l'auteur de l'anti-financier

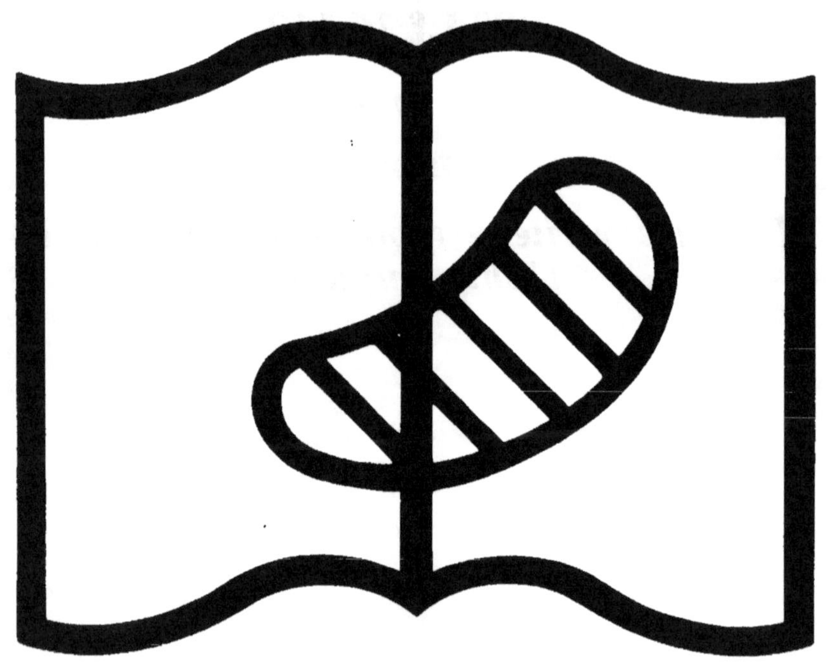

Symbole applicable
pour tout, ou partie
des documents microfilmés

Original illisible

NF Z 43-120-10

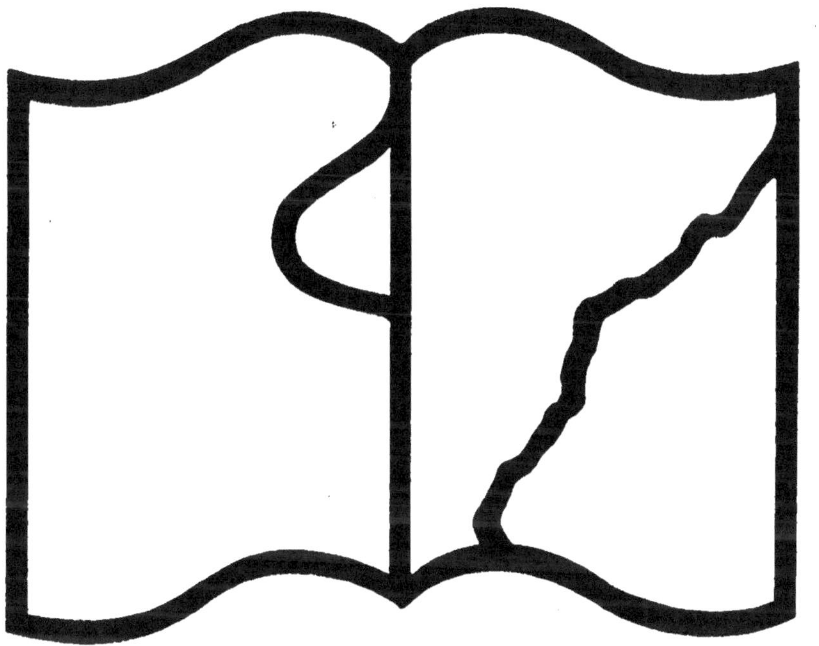

Symbole applicable
pour tout, ou partie
des documents microfilmés

Texte détérioré — reliure défectueuse

NF Z 43-120-11

LA
PURE VÉRITÉ.

LA
PURE VÉRITÉ.
REPONSE
D'UN PROCUREUR D'ÉLECTION DE PROVINCE,

A UN PROCUREUR DE LA COUR DES AIDES DE...

Sur un Ouvrage qui a pour titre : Réponse à l'Auteur DE L'ANTI-FINANCIER.

M. DCC. LXIV.

LA

PURE VÉRITÉ.

Réponse d'un Procureur d'Election de Province à un Procureur de la Cour des Aydes de . . . sur un Ouvrage qui a pour titre, Réponse à l'Auteur de l'ANTI-FINANCIER.

J'Ai parcouru, mon cher Confrére, cette petite Brochure que vous m'annoncez être d'une plume Financiére ; pouvez-vous bien le croire ? Seroit-il un Financier capable de pareil fait ? Pensez-vous qu'un homme fait pour se taire, qu'un homme fait pour rougir intérieurement d'être l'instrument actif de l'épuisement de l'Etat, pût avoir poussé l'audace, l'effronterie, l'impertinence à un tel point, que d'oser encore lever les yeux ; que d'oser renouveller les plaies d'un Peuple, en lâchant en public un acte aussi parfait d'un cœur véritablement affamé du sang de son prochain ? Prenez-y bien garde : cette réponse ne seroit-elle pas une réponse prêtée ? Repassez-là, je vous prie, avec un peu d'attention ; & voyez si, tout au contraire, elle ne seroit pas plutôt l'ouvrage de quelque plume oisive qui auroit eu à tâche d'achever de tourner en ridicule ces malheureux traitans contre lesquels tout l'univers se déchaîne aujourd'hui ? pour moi je le penserois, & je crois en juger sainement par le vuide que je remarque dans toutes les raisons que je vois déduire à ce mauvais Ecrivain. Cependant, puisque vous m'assurez du contraire, je ne conteste pas davantage, & je vous répons à l'essentiel de cet ouvragelet page par page.

A la premiére, l'Auteur anonime de cette réponse, croit avoir ville gagnée, en disant qu'un grand Ministre a regardé la Finance comme la colonne de l'Etat. Il fait bien d'ajouter qu'elle ne méritoit peut-être pas qu'il lui fit tant d'honneur; car de bonne-foi l'objet du délabrement d'un Etat peut-il valablement être qualifié de semblable titre? Qu'on jette les yeux sur toutes ces malheureuses Familles qu'elle réduit chaque année à la mandicité; qu'on éxamine le nombre de toutes celles qu'elle décrédite; & qu'elle déshonore en faisant fouetter, marquer, & envoyer aux Galéres à perpétuité tous ceux qui n'ont point le moyen de se racheter de certaines fraudes; qu'on fouille dans les prisons & que l'on voie tous ces malheureux qui y gémissent, & sont détenus sans d'autre cause souvent, que celle de n'avoir pas eu le moyen de faire la dépense que le Fermier éxigeoit qu'ils fissent, tel que seroit un pauvre misérable contre lequel on auroit décerné une contrainte pour n'avoir pas fallé sa soupe autant qu'il l'entendoit, &c.; qu'on jette enfin les yeux sur tous ces misérables qu'elle conduit à la potence, les uns pour avoir été poussés au désespoir, les autres pour avoir eu le malheur (sans connoître le danger) de résister au ravissement quelquefois le plus injuste d'un pain qu'ils avoient eu bien de la peine à gagner à la sueur de leurs fronts; & l'on verra que si un Ministre s'est servi de cette expression, ce n'a pû être que par dérision. Qu'on examine encore une fois ces émigrations sur émigrations qu'elle occasionne dans toutes nos Campagnes; qu'on éxamine le nombre d'agricoles qu'elle force à passer en

pays

pays étrangers, qu'on éxamine enfin le nombre de ceux qu'elle oblige à se retirer dans de grandes Villes, pour y menet la vie d'autant de Cerfs; & l'on verra, dis-je, combien la population du Royaume en souffre; ceux qui sortent sont des sujets perdus; & ceux qui restent des sujets inutiles, parce que ces derniers sont contraints de garder le célibat malgré eux, ou pour avoir été déshonorés, ou pour avoir été ruinés. Qu'y a-t'il donc de plus funeste pour un Roi qui ne peut être grand, qui ne peut être puissant, & dont la gloire ne peut augmenter que par le nombre de ses sujets? Voilà cependant, mon cher Confrére, le bel effet que produit cette Ferme Générale si vantée : ainsi si elle est, comme on voudroit l'insinuer, la Colonne de l'Etat; il faut convenir que l'Etat a une bien mauvaise Colonne, puisqu'elle occasionne, avec tanr de malheurs, une si grande déprédation dans l'agriculture qui en est le fondement. Ce fondement cependant une fois écrasé totalement, adieu la Colonne & l'Etat, le principal point d'apui manquant, adieu l'apui en second & l'apuyé.

A la quatriéme page.

La régie actuelle des Fermes est, dites-vous, pleine d'abus... Qui peut douter de cette vérité? Je vous répondrai : où n'y en a-t'il pas? Belle consolation : parce qu'il éxistera quelques abus (inévitables par raport à leur cause qu'on a intérêt de conserver pour la sûreté du Citoyen;) c'est-à-dire, qu'il faudra absolument qu'on en laisse subsister d'autres, pendant que l'on peut aisément y remédier, & qu'il est même avantageux pour tout un Etat, d'en faire sauter la cause.

A la sixiéme page.

Vous reclamez les Loix de l'Etat : si elles ne faisoient grace à votre imprudence, où en seriez-vous, dit-il en parlant à son Antagoniste ? J'ignore ce que ce dernier a pu dire, n'ayant jamais pû parvenir à découvrir son ouvrage ; il est aisé de croire qu'il est coupable, puisqu'il a été privé de sa liberté ; mais si ces mêmes Loix ne faisoient également grace à la soif du reste du sang du Peuple dont il marque brûler. Où en seroit-il lui-même, ce malheureux qui raisonne ainsi ? Quelle punition devroit être la sienne ?

A la septiéme page.

Voyez ces familles désolées & perdues dans ces labyrinthes affreux où la chicane les retient jusque sous les yeux de la Justice elle-même ? Il faut avoir perdu la tête pour avoir la témérité de faire rejaillir la faute de l'opiniâtreté ou de la mauvaise foi du chicaneur, sur des Juges dont la justice dicte tous les Arrêts ; sur des Juges qui ne décident que *secundùm allegata & probata*, que suivant & conformément aux loix. Dans le grand nombre des affaires, je ne disconviens point qu'il se trouve quelque décision portée à faux ; mais est-ce la faute du Juge ? Est-il garant de la mauvaise foi du plaideur qui lui aparoît d'une preuve fausse ? En cela a-t'il besoin d'une autre justification, que du sort qu'il fait éprouver à celui qui est accusé, atteint & convaincu d'avoir porté un faux témoignage ? Il faut être bien dépourvu de bon sens pour oser mettre une chose profane comme la maltôte, en parallèle avec une chose aussi sacrée que l'est la Justice. Si cette derniére erre quelquefois, ce n'est jamais toutefois qu'après avoir été surprise & trompée ; au lieu que la premiére commet à chaque instant les plus grandes injustices & les véxations les plus iniques,

iniques, toujours avec parfaite connoiſſance de cauſe. Il convient bien d'ailleurs à un miſérable avorton de Maltôte de dépriſer un Corps qui doit lui être reſpectable.

A la huitième page.

Détruiſez-là donc cette Finance, je vous l'abandonne, faites mieux ſi vous le pouvez ; mais convenez qu'aucun état n'étant à l'abri des abus, vos invectives ſont du plus injuſte des hommes, & qu'à ce ſeul titre aucune foi ne peut être ajoutée à votre libelle, &c. Le grand Philoſophe! la juſte conſéquence! Comme ſi un malade pouvoit s'empêcher de ſe plaindre ; & comme ſi, en ſe plaignant, il ôtoit à ceux vis-à-vis deſquels il épanche ſa douleur, la liberté de le croire malade. Que pareil raiſonnement eſt bien celui d'un homme auquel on n'a apris qu'à calculer, & que pareil abandon que celui ci-deſſus, paroît bien être fait en déſeſpoir de cauſe ; que c'eſt là jouer bien ſupérieurement le rôle d'un avare qui ſe voit aux portes de la mort : il ſe détache de la fortune, lorſqu'il ſent ne pouvoir plus la tenir. Dans la perſonne de ce Financier, en vérité j'imagine voir l'avare moribond parler au Prêtre qui l'exhorte.

A la neuvième page.

De quel droit, Monſieur, prétendant être l'organe de la Nation, avancez-vous que ſon vœu général demande l'abolition de la régie actuelle & la création d'un droit unique ; qui vous l'a dit? Quelle puérilité, mon cher Confrére ; je trouve une auſſi ſotte queſtion plus digne de pitié que de réponſe : comme ſi un peſtiféré pouvoit ne pas deſirer les remédes propres à ſa guériſon.

A la onzième page.

Que ce Financier acheve bien le rôle d'un avare moribond. Il ne peut ſe détacher totalement de l'amour des richeſſes dont ſon ame eſt dévorée ; quelque malade qu'il ſoit, il eſpére toujours pouvoir en revenir ; & occupé de cette douce idée, il ne peut s'empêcher de penſer continuellement à ſon tréſor. *Cette inance que vous croyez renverſée, touche peut-être à ſon plus beau momont*, &c. *la uſtice n'a point encore prononcé ; taiſez-vous.* Qu'on voit bien qu'il écrit à tête perdue & comme un homme au déſeſpoir. D'après l'abandon de ſa patrie auquel il ſe montre réſigné, à la huitiéme page de ſon ouvrage ci-deſſus raportée, peut-il en fournir une preuve plus forte ? Quelle pallinodie pour un homme qui veut faire le littérateur & le bel-eſprit, ou quelle indiſcrétion ! Non ſans doute la Juſtice n'a point encore prononcé ; mais ſi elle prononce, ce beau moment auquel la Finance touche, ne doit être autre que celui de ſon abolition.

A la ſeizième page.

J'oſe avancer, Monſieur, que ſur le Royaume entier tous les frais de régie de la Ferme générale ne coûtent pas 10 pour 100 au Roi. En le ſupoſant, ce que je ſuis fondé à conteſter, je voudrois bien ſçavoir ſi le Roi a beſoin de payer 10 pour 100 d'un argent qu'il peut toucher ſans aucuns frais ſi Sa Majeſté veut, ou tout au plus à 2 pour 100. Dix pour cent, dit-il encore effrontément, il compte ſans doute pour rien le dixiéme tiré d'un revenu. N'eſt-ce pas là avoir à tâche de narguer tout un peuple, & d'inſulter de plus en plus à ſa miſére. Ne ſe flatteroit-il pas d'endormir avec de pareils propos un public qui voit ſous ſes propres yeux qu'il faut que le Roi paye quarante au moins pour cent. Dix pour cent..... je ne puis en vérité y tenir. Où prendroient donc Messieurs les Traitans pour entretenir le train fastueux qu'ils menent ? Où prendroient-ils pour se donner tous leurs Châteaux magnifiques, toutes leurs Seigneuries, & pour être meublés aussi somptueusement qu'ils le sont ? Où prendroient-ils finalement pour acquérir, comme ils le font, chacun des trois ou quatre cens mille livres de revenus, &c, dans huit ou dix années d'exercice ? Qu'on trouve un Prince qui soit en état de faire ce qu'ils font, S'il y a en France une belle Terre, par qui est-elle occupée aujourd'hui, si ce n'est par un Financier ? J'aime bien, mon cher Confrére, qu'on s'en vienne nous tenir pareils discours, à nous autres. On feroit beaucoup mieux de se taire.

A la dix-septiéme page & dix-huitiéme.

La Régie accorde à un chacun plus de Vin pour sa consommation qu'il n'en peut naturellement boire, ce n'est donc qu'à l'abus qu'elle en veut, &c. La Loi exige, & non le Fermier que le Cabaretier paie un droit plus fort que le Particulier ; mais si ce Particulier achete & fournit son voisin le Cabaretier : Voilà la loi nulle ; il faut la suprimer, ou venir à l'apui du Fermier, & le soutenir. Un simple Manouvrier ne payant que vingt sols de Capitation, &c. Le Fermier présente requête à l'Intendant, & obtient qu'il sera passé quatre piéces de Vin ou environ à ce Manouvrier pour sa consommation, & qu'il payera les Droits du surplus comme vendu en détail. Voilà le prétendu trop-bû ; cette entrave, quoique juste, est gênante pour le Fraudeur, mais indifférente au Consommateur de bonne-foi, &c.

La Régie accorde à un chacun, &c. Ce n'est donc, &c. Le joli raisonnement, comme si l'on ne voyoit pas tous les jours une famille composée de quatre personnes faire la consommation de huit, par les étrangers qu'elle est obligée de recevoir pour raison de ses différentes affaires. Qui peut ignorer qu'un homme manqueroit souvent à faire un marché de vingt ou trente pistoles, s'il ne présentoit une bouteille de Vin ou de Cidre ? Qui peut ignorer qu'il est fait peu de marchés sans boire, de petits objets comme de gros ; un Marchand de Bois peut-il s'empêcher de faire rafraîchir celui auquel il vend ; un Marchand Epicier, le Chirurgien de Campagne qui prend chez lui à l'année ; un Marchand Serger, ceux qui viennent acheter à sa Manufacture des Serges ; un Maréchal, les Domestiques de ses pratiques, &c. ? Je ne sçavois pas qu'un homme fût susceptible des droits de détail des boissons qu'il consomme chez lui ; & ce, sur le systême ordinaire du Fermier de présumer qu'il pourroit y avoir de la fraude, qu'il peut tout aussi-bien vendre ses boissons comme les donner ; par la même raison il n'y a qu'à faire contraindre aussi un Cabaretier à payer les droits de détail du double de ses ventes, parce que de même qu'il peut se faire qu'il n'ait vendu que cent pots dans un mois, je supose, il peut également se faire qu'il en ait vendu deux cens ; & qu'il ait conséquemment fait tort au Fermier des Droits de cent pots qu'on doit présumer avoir sorti de son Entrepôt ou de son recellé, je ne trouverois pas plus d'injustice dans l'un que dans l'autre.

La Loi éxige & non le Fermier que le Cabaretier, &c. Mais si le Particulier, &c. Voilà donc la Loi nulle, &c. Si, remarquez bien, mon cher Confrere, & si, on ne voit jamais le Fermier raisonner que par des si ; & les amendes & confiscations qui lui sont accordées dans le cas de ſurpriſe en fraude, pourquoi les compte-t'il donc? C'eſt à-dire, qu'on doit mettre un homme aux fers, parce qu'il pourroit devenir un fripon; c'eſt toute la même choſe, je n'y remarque pas la moindre différence. De même qu'il y a des Cavaliers de Maréchauſſée pour empêcher les vols & ſurprendre les Voleurs, n'y a-t'il pas auſſi des Commis pour empêcher les fraudes & ſurprendre les Fraudeurs? Un homme doit-il être puni, parce qu'on préſume qu'il pourroit le mériter? En bon droit & en bonne morale, eſt-il permis de préſumer le mal? Que ce petit Littérateur me réponde à des queſtions apuyées ſur ſemblables principes?

Un ſimple Manouvrier, &c. Le Fermier, &c. obtient, &c. & qu'il, &c. Voilà, &c. Cette entrave, quoique juſte eſt gênante pour le Fraudeur, mais indifférente au Conſommateur de bonne-foi. Indifférente au Conſommateur de bonne-foi.... Comment oſer mettre pareil fait en avant? Quoi!.... il me ſera indifférent d'avoir à tout inſtant les Commis chez moi: Il me ſera indifférent de voir mes boiſſons auſſi ſouvent exercées que celles d'un Cabaretier? Il me ſera indifférent de voir faire chez moi perquiſition ſur perquiſition, & ce quelque compagnie que j'aie? Comment, parce que deux Employés tourmentés par leur Directeur de faire quelque découverte, (a) auront pour marquer un faux zèle, mis ſur leur Regiſtre de travail qu'ils feront, à l'heure de mon dîner, perquiſition chez moi afin de tâcher d'y ſurprendre quelques Buveurs, il faudra que, moi qui n'ai jamais fraudé, ni même eu l'intention de le faire,

(a) Tout Directeur a le tiers dans les amendes & confiſcations de l'étendue de ſa diviſion; & les Employés capturans un autre tiers deſdites Amendes & confiſcations, chacun a part au Gâteau.

je voie d'un sens tranquille tourner toute ma maison cul par sur tête pendant un jour de Marché ; il faudra que je vois tranquillement faire chez moi une démarche qui fera sur le champ amasser cent personnes à ma porte vis-à-vis desquels je passerai pour Fraudeur & à ce titre je perdrai le crédit que j'aurois pû avoir avec eux pour mon commerce ! L'Inquisition ne seroit pas plus terrible que pareil abus.. Et si l'on trouvoit chez moi deux personnes à dîner auxquelles mes occupations ne me permissent pas de faire compagnie, l'on me feroit donc encore un procès par sur le marché ? Cependant serois-je en fraude ?

Un simple Manouvrier. C'est-là vraiment le prétexte duquel se sert le Fermier. Ce simple Manouvrier est aujourd'hui tout le monde pour lui. Comme l'Arrêt de 1731, surpris par le Fermier à l'instar de beaucoup d'autres, assujettit toutes personnes du commun aux même visites & éxercices de ses Commis, que les Cabaretiers. Il a le secret aujourd'hui de faire tomber sous la qualité de gens du commun, tous ceux qui font commerce. C'est ainsi qu'il sçait étendre tous les pouvoirs qu'il sollicite. J'ai vû dans la Ville de Valognes, un gros Marchand de bois à merain visité comme un Cabaretier; à Saint Lo une grosse Fabricante de Serges, de bons Marchands, de Riches Epiciers, &c. Sont-ce là des Manouvriers ? Ce n'est pas le tout, c'est que pour les eaux-de-vies, nul n'est éxempt desdites visites, le Marquis ne s'en peut pas plus défendre que le Comte, le Comte que le Baron, & le Baron que tout autre Seigneur.

Voilà, cependant, cette belle partie que ce fameux apologiste, plus propre à placer une queue à un zéro qu'à faire le Littérateur, prétend faire passer pour l'ame de l'Etat, pour ſon véritable ſoutien, pour ſa colonne ; il a là un joli point d'apui ; il n'eſt point du tout étonnant qu'il touche ſa ruine de ſi près, la colonne eſt plus propre à faire écrouler qu'à ſoutenir. Ce ſont là, mon cher Confrére, les obſervations que l'ouvrage de ce cerveau brûlé me force de vous communiquer, pour que vous puiſſiez les joindre a toutes celles que je vous invite à faire, afin de le couvrir aux yeux de l'Univers entier, s'il eſt poſſible, de toute la confuſion qu'il mérite pour prix de ſon impertinence.

Vous ſerez ſans doute ſurpris, que je m'aviſe de vous entretenir d'une matiére que tout le monde ſemble avoir abandonnée ; il ne m'a pas été poſſible de me retenir : j'ai crû qu'il étoit néceſſaire & même du devoir d'un bon Citoyen de répondre à tout, lorſqu'il s'agit de l'intérêt de la Patrie; ce motif unique à ſçu me réveiller, ſi je m'expoſe, c'eſt à votre joli Envoi auquel j'en dois l'obligation : ſans lui je vous donne ma parole d'honneur que ma plume auroit continué d'être muette ſurpareille matiére. Vous ſçavez qu'une réfléxion, quelque foible qu'elle ſoit, en attire ordinairement une autre, & qu'à force d'en faire ; l'on parvient quelquefois à la fin à démêler les choſes avantageuſes d'avec celles qui ne le ſont pas, c'eſt là le ſeul but auquel je viſe, ainſi veuille l'Eternel accomplir un deſir que j'oſe dire celui de toute la Nation.

Je vous écris ſuccintement, car je ſuis ſi ſurchargé d'affaires contre le Fermier qu'à peine ai-je le tems de prendre mes repas : j'en ai entr'autres trois qui doivent être jugées ſur la fin de la ſemaine. L'une concerne M. le Marquis de .... pour un refus de viſite fait à des Employés qui venoient pour la quatriéme fois dans le même mois éxercer l'eau-de-vie à l'uſage de ſa maiſon. La ſeconde concerne un Bourgeois pour une piéce de vin qu'il a fait changer de Cave par ſes Domeſtiques, ſans s'être pourvu auparavant d'un quart de feuille de papier de trois deniers, nommé Congé de Remuage, que le Fermier force d'acheter douze deniers ; & la troiſiéme enfin concerne un pauvre Payſan qui a eu le malheur de ſe défendre à l'encontre de deux Commis qui l'avoient publiquement inſulté & même maltraité ſans qu'il en eût donné d'autre ſujet, que de ne pas vouloir conſentir à leur indiquer ce qu'ils éxigeoient ; & ce ſont trois affaires que je regarde comme perdues pour mes Parties. La premiére, parce que l'on préſumera toujours en faveur du Fermier, que cette eau-de-vie prétendue ne ſervir qu'à la conſommation de la maiſon de ce Seigneur, peut au contraire être clandeſtinement vendue en détail, & que lors du refus de viſite, il y avoit ſans doute des buveurs. La ſeconde, parce que l'on ne manquera certainement pas non plus de préſumer également en faveur du Fermier que ce Bourgeois au lieu de faire paſſer ſa piéce de vin dans une autre de ſes caves, pouvoit tout auſſi bien la faire paſſer dans la cave de quelqu'un de ſes voiſins ; & la derniére enfin, parce que ce pauvre malheureux Payſan, qui n'a fait que ſe défendre, n'a point eu le moyen de former dans ſon tems inſcription de faux contre le Procès-verbal (*a*) de ces Employés, qui pour ſe mettre à couvert des juſtes

(*a*) Procès-verbal d'Employés crû juſqu'à l'Inſcription de faux ; & pour être admis a s'inſcrire, il faut dans le délai de l'aſſignation commiſe en réſultance du Procès-verbal, conſigner une ſomme de . . . ; ſçavoir, 60 liv. dans les Juriſdictions inférieures, & 400 dans les ſouveraines, à faute de quoi, foi eſt ajoutée à tout Procès-verbal ; de façon que le Fermier joue preſque toujours à coup ſûr, parce que ſur cent particuliers attaqués, il eſt rare qu'il s'en trouve vingt qui ſoient en état de faire pareille conſignation, au moyen ſeul cependant de laquelle on peut obtenir permiſſion de ſe juſtifier : l'on eſt miſérable, cela ſuffit pour qu'on ſoit écraſé.

justes poursuites que ce Particulier par eux insulté auroit pû leur faire, l'accusent d'avoir été l'agresseur.

Vous trouverez ci-après un songe que j'entendis raconter Dimanche dernier : ce n'est le rêve que d'un simple Paysan ; mais quoiqu'il en soit, il ne me paroît pas moins intéressant ; je vous le rends tout au naturel, à deux projets près, que j'ai estimé devoir soustraire malgré tout l'avantage qu'ils semblent offrir : ce Paysan est un Contrôleur Général imaginaire.

LE

LE CONTRÔLEUR GÉNÉRAL *IMAGINAIRE.*

(1.)

LE CONTRÔLEUR GÉNÉRAL IMAGINAIRE.

Recit d'un ſonge patriotique fait par un Paysan *à ſon* Seigneur*, dans lequel la façon de penſer du Roi ſe trouve peinte au naturel.*

SUITE DE LA PURE VÉRITÉ.

Révélation de partie des Secrets de la Ferme Générale.

Monsieur, diſoit derniérement Maître Martin à ſon Seigneur, je fis l'autre nuit un ſingulier rêve, & bien embarraſſant. Le Roi m'avoit fait l'honneur de m'apeller à la dignité de Contrôleur Général, avec ordre, ſous peine de la vie, d'en remplir avec intégrité toutes les fonctions ; & voici, mot pour mot, les termes dont s'étoit ſervi ce grand Monarque.

Les Repreſentations de mes Parlemens, ſur la miſére de mon Peuple, me ſont ſenſibles & touchantes ; je veux & entends qu'on ne néglige rien pour tâcher de lui procurer le ſoulagement le plus prompt ; & à cet effet, qu'après avoir ſoigneuſement étudié & peſé múrement les moyens d'y parvenir, on les mette ſur le champ à éxécution, ſans la moindre conſidération quelconque.

Mon intention fut toujours de rendre mon peuple heureux, & j'en ai plus que jamais un deſir ſi ardent, que je déclare tenir pour mon plus grand ennemi, celui qui ne ſeconderoit pas en cela mes vues. Je prétends que déformais le premier qui fera atteint & convaincu de ne s'être pas, fur ce chef, éxactement conformé à mes volontés, foit dès le même inftant pourfuivi extraordinairement, pour être enfuite puni fuivant l'éxigence d'une défobéiffance auffi criminelle ; & je me promets que l'éxemple que j'en ferai, au premier cas arrivant, fera à l'avenir régner dans ma Cour la juftice & l'équité avec tant d'empire, que je ne préfume pas que l'intérêt particulier, la fourberie & l'impofture, puiffent s'expofer à en aprocher.

J'ai jetté les yeux fur toi, me dit-il, pour être informé éxactement de tous les abus qui peuvent fe commettre dans mon Royaume ; ainfi c'eft à toi de m'en inftruire fans le moindre déguifement, fi toi-même n'as envie de fournir à mon peuple un éxemple frapant de mon amour pour lui. Allons, dépêchons, parle-moi à cœur ouvert : d'où peut provenir le malheur de mon état ? quels font les moyens les plus propres à y remédier ?

Quelle perpléxité, Monfieur, & quel embarras pour un pauvre Payfan comme moi ! Je vous laiffe à juger de ma frayeur, du trouble fecret & de l'épouvante qui s'emparérent alors de tous mes fens, de toute mon ame.

De la maniére que je remarquois mon Roi, affecté du defir de connoître l'intérieur de fon Royaume, il ne me reftoit pas à douter un inftant, que fi je venois à pallier la moindre chofe, je ne reçuffe le jufte châtiment de pareille témérité ; & fur cette opinion, d'ailleurs totalement foumis aux ordres de mon Souverain, totalement voué au bien de ma Patrie, périr pour périr, rifque à être renfermé pour le refte de mes jours, à avoir la tête caffée en paffant mon chemin, à être empoifonné, ou enfin, à effuyer tout autre traitement de cette nature ; après avoir recommandé mon ame à Dieu, & fait un généreux facrifice de mon corps, pour le bien & l'utilité publique, soutenu par les bras de la Providence, je me sentis des forces suffisantes pour parler en vrai sujet, pour parler en vrai citoyen.

Sire, répondis-je à Sa Majesté, trois choses principales occasionnent le malheur de votre Etat : le trop par votre Peuple payé ; le trop peu de ce trop dans vos coffres entré, & le trop d'iceux fait sortir.

Votre Peuple est si surchargé d'impôts, si tracassé & si vexé dans leur perception, que quelque vigilant, quelque actif, quelque laborieux & quelque industrieux qu'il soit, il est de toute impossibilité qu'il y puisse tenir.

Ses dépenses indispensables pour la culture des terres, & l'entretien de ses Maisons & Bâtimens nécessaires pour leur dessertes, joints aux droits sans nombre qu'il a à payer, montent certainement au-delà des productions qu'il en peut espérer. Puisque Votre Majesté me l'ordonne, je vais entrer dans des détails qui la porteront à plaindre le sort de son misérable Peuple....... Mon Royaume, me repliqua le Roi en m'interrompant, est donc insuffisant pour le besoin de mon Etat ?

Non, Sire, lui répondis-je, il ne l'est point. Il ne s'agit que d'un certain ordre, que d'un certain arrangement.

Simplifier les droits actuels, modifier les frais, de perception de ceux à rester, & mettre de l'économie dans l'emploi & dans la distribution de vos deniers. Ces trois choses, Sire, suffiroient pour rendre votre Régne le plus illustre, & vos Peuples les plus heureux de l'univers.

Votre Majesté me permettra de lui representer que la dispendieuse perception, qu'occasionne la multiplicité des droits actuels, est l'unique cause de la ruine de son Etat. Il faut donc commencer par en ordonner la simplification ; & alors, la cause une fois sapée & détruite, vous aurez la satisfaction d'en voir les funestes effets tomber d'eux-mêmes.

Ce sont vos droits, dits d'Aides, SIRE, vos droits, dits de Ferme Générale, qui forgent en partie le malheur de vos Peuples. Tous Traitans de semblables parties, sont, je l'ose dire, pour un Royaume, autant de vraies sang-sues, qui, à force de le sucer peu à peu, & d'en tirer tout doucement la quinte-essence, parviennent imperceptiblement à l'épuiser ; & en suposant que vos Traitans fussent les plus honnêtes gens du monde, il n'en peut être autrement : pour un qu'ils payent à Votre Majesté, il faut qu'ils fassent sortir au moins deux ou trois ; la raison en est claire & sensible.

Il est à remarquer, SIRE, que tous lesdits droits n'étant que casuels, & conséquemment pouvans être plus ou moins considérables, éxigent des frais de régie inconcevables : le nombre de Commis de toutes les espéces & de toutes les classes à apointer, tant à Paris que dans les Villes, Bourgs & Campagnes du Royaume, est surprenant : il en faut des légions ; & c'est un fardeau bien lourd pour un peuple, car, sur dix, à peine en trouveroit-on un qui eût pris cet état sous d'autres vues que celles d'y faire sa main ; car sur le même nombre, on n'en trouveroit peut-être pas un qui ne se promette de parvenir à son tour au rang de Fermier Général, à l'instar de beaucoup d'autres qui, sans avoir un mérite qu'on puisse dire rare, se sont néanmoins poussés à ce poste ; &, y parvenus, ont, dans l'espace de huit à dix ans d'exercice, amassé des fortunes de trois ou quatre millions, comme cela n'est pas sans éxemples, & c'est une émulation qui coûte cher à votre malheureux Peuple ; les derniers, dans le cours de leurs bas emplois, sont pour lui de vrais Vampires.

Si Votre Majesté voyoit leur tyrannie dans nos

Campagnes, leurs abominations dans nos Bourgs, & leurs éxactions dans nos Villes, Elle en seroit certainement touchée : tout le monde doit à leur fortune, & tout le monde est indispensablement obligé d'y contribuer, le non-fraudeur comme le fraudeur. Le premier, pour tâcher de se mettre à l'abri de mille tracasseries injustes, que des éxemples des plus frapans lui auront donné lieu de craindre ; & le dernier enfin, dans l'espoir qu'il sera à portée de continuer, avec une plus grande sécurité, une espéce de fraude, que le Fermier lui-même l'oblige très-souvent de faire, quoique contre son inclination ; tel que seroit un Cabaretier ordinaire, auquel il feroit payer les droits de détail & autres y joints de la consommation de huit à dix domestiques qui lui sont nécessaires pour la culture d'une terre qu'il fait valoir avec son Cabaret, ce qui est assez ordinaire dans nos Campagnes. [a]

Il est à remarquer, SIRE, que ce tiers des Amendes & Confiscations revenant bon à M. le Directeur ; que cet autre tiers revenant bon à MM. les Commis, donnent un si fort préjugé, que la crainte est générale, que pareils apas, y jointe l'instigation du copartageant, auquel, ainsi qu'à eux, la Compagnie a grande attention de laisser ces remises pour partie de leurs apointemens, ne soient capables d'influer beaucoup sur les esprits des capturans ; & effectivement, qui pourroit ne le pas présumer, lorsqu'on vient à réfléchir que dans les Provinces, un Di-

---

[a] *Nota.* Que les remises qui sont accordées sur l'incident de fixation que le Fermier fait des droits de détail de chaque division, aux Directeur & Employés de cette division pour partie de leurs apointemens, font que tous ces gens-là, pour faire valoir les produits le plus qu'ils peuvent, afin d'y trouver leur intérêt particulier, tirent au prix que bon leur semble, les droits de détail de toutes boissons généralement, des petites comme des bonnes, de celles qui ne sont propres qu'à la consommation des domestiques de cabaretier, comme de celles qu'il vend.

recteur Aydier n'a que 1200 l. d'apointemens fixes; un Contrôleur ambulant 1500 liv. ; un Contrôleur de Ville 500 liv., & dans certaines Villes, 600 liv. ; un Commis de Ville 400 liv., & dans les endroits où les vivres sont chers 500 l. ; un Receveur de Département de Campagne, aux plus fortes recettes, 760 liv., aux autres 700 liv., un Commis en second de Département de Campagne, aux meilleurs 700 liv., aux autres 650 liv.

Que tous ceux ci-dessus nommés, à l'exception des Contrôleurs & Commis de Ville, sont obligés de se fournir, nourrir & entretenir d'équipages, chacun un cheval, de payer tous la Capitation, & les Directeurs & Contrôleurs les deux vingtiémes de leurs apointemens en sus ; & que malgré la médiocrité de ces apointemens, on voit tous ces gens-là arrivés presque nuds dans leurs Commissions, se vêtir en très-peu de tems, des étoffes les plus rares, les plus fines & les plus riches en or ou en argent ; se donner les chevaux les plus fins, & briller en bijoux de toutes les espéces. Lorsque, dis-je, on vient à réfléchir que ce Directeur à 1200 liv. d'apointemens, tient une maison composée comme celle d'un homme de six ou huit mille livres de revenu, plus ou pas beaucoup moins, suivant la mouvance de sa division, & l'intrigue de ceux qui lui sont subordonnés; joue, & dònne à manger de même; qu'ainsi, *gradatim*, les plus sobres des autres, dépensent moitié, au moins, au-delà de leurs apointemens ?

La peur, suivant moi, n'est pas déplacée. D'où effectivement doit sortir la dépense excédente de leurs apointemens, sinon de la poche du Peuple? Des personnes ainsi accoutumées à jouir des douceurs de la vie, & travaillées de desirs aussi voluptueux, sont-elles capables de donner des bornes à leur cupidité, & de mesurer leurs actions, comme elles le devroient ? Non certainement, SIRE ; il faudroit que vous eussiez été pendant quelque-tems un misérable Paysan indéfendu, tel que j'étois ci-devant, pour sçavoir un peu ce qui se passe, & connoître quel est l'esprit de Régie, quels sont les sentimens qui le caractérisent. Nos Commis sont nos Juges & nos Parties : notre sort dépend uniquement d'eux ; car si la loi nous autorise à nous inscrire en faux contre leurs Procès-verbaux, cette même loi nous ôte en même-tems, en quelque façon, la liberté de le faire, par la solidité pour les Amendes qu'elle établit entre les vendeurs & les acheteurs en fraude ; parce que MM. les Commis, pour couper pied à toute voie d'inscriprion, ont grande attention de comprendre dans leurs Procès-verbaux, toutes les personnes qu'ils trouvent chez les prétendus vendeurs en fraude, lors de la rédaction d'iceux ; & ce, soit qu'elles soient dans le cas de ladite solidité ou non. C'est-là le premier document qu'on donne soigneusement à tout Commis ; & de cette ruse, résulte l'impossibilité de se justifier des accusations souvent les plus iniques.

L'autre jour étant à boire bouteille au coin de mon feu, avec un de nos Commis, qui étoit venu me remercier d'un coin de beurre que ma femme avoit donné à la sienne, j'en apris, en vérité, des choses horribles.

Ce n'est jamais une augmentation de produits, me disoit ce pauvre misérable (qui passe pour un honnête-homme, lui,) qui satisfait beaucoup un Directeur, parce que les remises qu'il a à espérer, sur cette augmentation, ne sont pas la partie la plus considérable de son revenu ; c'est pourquoi ce n'est point par cet endroit qu'un Commis doit prétendre s'en attirer la bienveillance. Aussi voit-on un Directeur, en quelque façon, ne nous parler jamais de produits, sinon, pour tâcher ingénieusement de nous exciter davantage à faire des malheureux, je veux dire des procès : comme il lui revient, pour sa part, le tiers, en toutes les Amendes & Confiscations, il lui en faut à quelque prix que ce soit ; sans quoi, fussions-nous les meilleurs sujets du monde, & les plus propres aux vrais intérêts de nos Commettans, nous devons nous attendre à avoir changement sur changement, & à essuyer à la fin une révocation ; ou bien, il faudroit être lié de parenté avec quelque Fermier, son valet ou sa catin.

La défaveur du tems occasionne-t'elle une diminution inévitable dans un Département ? vous conviendrez avec moi, dira M. le Directeur, au chef de ce Département, que la Compagnie est bien à plaindre d'avoir un sujet tel que vous, un sujet qui ne suit pas avec plus de cœur les intérêts qu'elle lui confie. La diminution de votre Département, n'est occasionnée que par les fraudes qui s'y multiplient de jour en jour depuis que vous y êtes, & vous ne daignez pas vous donner la peine d'en arrêter les progrès ! J'ignore ce qui vous fait perdre votre tems, mais il me paroît que vous vous donnez bien peu de mouvement, car, en vérité, ce Département, pour un Employé actif & vigilant, devroit être un Département d'or. Ma foi, si je ne vous connoissois pas, vous me donneriez lieu de penser que vous travaillez plutôt à le ruiner, qu'à le maintenir dans l'état auquel il vous a été remis par votre prédécesseur. Faites vos réfléxions sur ce que je vous dis-là, car je vous donne ma parole d'honneur, que si je ne vois pas plus de découvertes de votre part dans ce mois-ci que dans le dernier, je serai forcé, quoique contre mon gré, de demander votre changement ; & prenez-y bien garde, je vous en préviens ; car quand la Compagnie me voit demander le changement de quelqu'un, elle présume devoir s'en défaire ; & sa révocation est beaucoup plus certaine que son changement.

Un autre aporte-t'il une augmentation de produits ?

duits, même inespérée : s'il n'a quelques Procès-verbaux à presenter en même-tems, qu'il ne s'attende pas à être mieux reçu que le premier. Oui, aplaudissez-vous beaucoup, dira-t'il à celui-ci, vous avec bien lieu de faire sonner une augmentation qui n'a jamais eu lieu que dans votre petite imagination ; de faire sonner une augmentation aussi chimérique que la vôtre. Vous vous persuadez, sans doute, que la Compagnie va être la dupe de cette prétendue augmentation. Sçavez-vous, continuera-t'il, quand même la chose seroit la plus fausse du monde, que votre Département qui vous paroît augmenter, diminue au contraire, de plus d'un quart de ses produits ordinaires ? Vous n'avez vraisemblablement jetté les yeux que sur les produits des deux derniéres années précédentes ; mais si vous eussiez pris la peine de fouiller une année seulement plus loin, vous auriez vu, à votre confusion, que depuis ce tems, votre Département n'a été régi que par des paresseux, ou des ignorans tels que vous ; que depuis ce tems, il va toujours de pis en pis. Morbleu, s'écriera-t'il, si j'eusse eu un Département tel, dans le tems que j'étois Receveur, j'en aurois voulu tirer, non-seulement tous les produits imaginables, mais encore en Procès, tout l'argent que j'aurois desiré. Mais à la vérité, je n'accordois pas, comme vous le faites, aux Cabaretiers, la consommation de leurs domestiques ; je sçavois leur faire payer les Droits de détail, & autres y joints, des petites Boissons qu'ils ne pouvoient vendre, comme des bonnes qu'ils vendoient ; je ne m'amusois pas à la bagatelle, je ne faisois pas le petit damoiseau, je ne passois pas tout mon tems à faire partie de plaisir sur partie de plaisir, &c. Je m'occupois uniquement de mon métier & de mon instruction, si particuliérement, que quand une fois j'avois fait un Procès à quelqu'un, le diable ne l'en auroit pas fait se tirer autrement qu'en payant, tant je sçavois bien le circonstancier ; & j'avois toujours de bons espions (*a*) : quelque part que ce fût, j'étois toujours sûr de m'en procurer à force d'argent, & d'en être bien servi. Un jour j'envoyois demander une bouteille de vin à celui-ci ; l'autre jour une bouteille d'eau-de-vie à celui-là ; & j'avois grande attention de n'avoir jamais pour espions, que des sujets de la derniére subtilité, que des sujets sûrs de leur fait, & qui auroient été capables de voler la confiance de l'Univers entier, sans que qui que ce fût, eût pu s'en apercevoir ; j'en aurois donné le défi au plus rusé, & je ne m'en faisois pas le moindre scrupule. A propos d'espions, dites-moi un peu, je vous prie, Monsieur, quelle peut être votre délicatesse, de ne pas vouloir vous en servir ? je suis charmé de vous dire que votre Confrere s'en plaint. Vous craignez, sans doute, que celui qui est capable de livrer son prochain, le soit aussi de vous tromper dans ses démarches (*b*) ; je voudrois bien sçavoir ce que cela vous peut faire : pourvu que vous voyez sortir votre espion d'une maison avec une bouteille de liqueur dans sa poche, que vous importe-t'il qu'il l'ait obtenue en payant ou en la demandant par charité, qu'il ait entré avec sa bouteille de liqueur dans cette maison, ou qu'il l'y ait réellement eue ? Dès-là que vous ne lui avez point donné conseil de le faire, que devez-vous avoir à vous reprocher dans semblable capture ; votre conscience ne se trouve-t'elle pas à couvert ? Si le

---

(*a*) Espions. Il arrive souvent que Messieurs les Directeurs en envoyent eux-mêmes à la découverte, au raport desquels les employés sont obligés d'ajouter foi, sous peine de la perte de leur employ.

(*b*) Cela arrive la plupart du tems : beaucoup d'espions portent souvent eux-mêmes l'objet des aparences de fraude sur lesquelles on verbalise.

particulier n'eſt pas réellement en fraude, n'eſt-ce pas ſur cet eſpion que tombe le péché ? Ah, mon Dieu ! quand j'y réfléchis ; ſi j'euſſe eu le malheur, dans un tel Département, d'avoir d'auſſi foibles produits à preſenter à mon Directeur, ſans la moindre découverte de fraude, je crois que je me fuſſe pendu de dépit : Non...... je n'euſſe jamais eu le front de paroître à la Direction.

Mais qu'un Employé aporte telle diminution que ce puiſſe être ; pour peu qu'il ait trois ou quatre procillons à preſenter, diminuât-il, ſur les produits ordinaires, au-delà même de la poſſibilité, c'eſt un Employé méritant ; c'eſt un grand travailleur ; c'eſt un grand ſujet ; c'eſt un homme qui a véritablement ſon métier à cœur, & qui ſe donne tous les mouvemens imaginables. Allons, allons, courage, dira-t'on à ce dernier ; votre zèle me fait plaiſir, il faut eſpérer qu'à force de détruire la fraude, vous ferez reprendre, peu à peu, vigueur à vos produits ; j'aime les Employés, qui, comme vous, s'attachent à la déraciner. Au moyen de ce cas, quelquefois trois ou quatre injuſtices, fût-il le plus grand vaurien que la terre ait porté, ſe fût-il preſque toujours diverti, n'eût-il pas fait la moindre démarche intéreſſante, (ce qui eſt aſſez l'ordinaire de ces grands faiſeurs de Procès-là) il eſt prié de prendre la ſoupe à la Direction, il eſt cité à tous ſes Confreres pour modèle ; on le préconiſe vis-à-vis de ſes Commettans, on l'avance.

Un Commis arrive-t'il dans une Direction ? A peine a-t'il remis ſon ordre au Directeur, ſous la diviſion duquel il eſt deſtiné, que ce Directeur, avide de cet infâme tiers à lui revenant, des Amendes & Confiſcations, commence par lui remplir la tête de mille préjugés, qui ne ſont le fruit que de ſon ingénieuſe imagination, qui ne ſont l'ouvrage que de ſon vil intérêt, qui les lui a fait méditer dans son cabinet à tête reposée, sans le moindre fondement.

La Compagnie vous destine donc, Monsieur, au Département de..... dit-il à cet Employé ; il faut qu'elle ait une grande confiance en vous, car c'est un Département qui a été totalement ruiné par la paresse & la nonchalance de vos Prédécesseurs ; il se fait dans ce Département une fraude inconcevable.

Le Cabaretier de tel endroit est un vieux coquin qui, depuis très-long-tems, fait son mauvais commerce avec impunité ; sa fraude la plus commune, est celle de, &c.

Tel autre Cabaretier est encore un autre fraudeur du premier ordre ; mais je vous préviens que c'est un drôle bien rusé : si vous ne vous attachez à le suivre de près, vous ne parviendrez jamais à le surprendre, &c.

Tel particulier fait ceci, tel particulier fait cela ; ce ne sera qu'à force de tomber souvent chez ces gens-là, & de les fatiguer par perquisitions sur perquisitions, que vous pourrez réussir à en faire quelque chose, & à en tirer parti ; vous ne devez point craindre de les harceler, je connois le caractére du Paysan, il veut être mené durement ; d'ailleurs, si quelqu'un vous marque la moindre opiniâtreté, usez, je vous en prie, de prudence ; dans notre état, les armes les plus essentielles, sont la plume ; verbalisez, & je vous répons qu'il n'est pas de punition plus touchante pour le Paysan, que celle de lui tarir la bourse. Il s'en faut beaucoup que je fasse consister la bravoure à s'exposer vis-à-vis d'une canaille mutine, il est maniére de se retourner sans courir les moindres risques. Attachez-vous sur-tout à faire tous vos Procès-verbaux si concluans, que les Condamnations sur iceux, puissent être prononcées sans soufrir la moindre difficulté (*a*), si vous ne vous sentez pas assez fort pour le Verbal ; délivrez seulement Billet sommaire, & ensuite venez me trouver, je vous donnerai les lumiéres nécessaires.

Il n'y a pas une personne dans ce Département qui échape à la recommandation de ce Directeur, & sur laquelle il ne tâche ingénieusement de lui donner des soupçons, & pour laquelle il ne s'efforce de lui inspirer, adroitement, des sentimens souvent tout autres que ces misérables victimes futures ne le méritent ; & enfin, après lui avoir fait prendre sur son agenda, en note, tout ce que dessus : en le quittant, il le prévient de faire attention à tout ce qu'il vient de lui dire, parce que d'après pareilles instructions, s'il ne lui aparoissoit de quelque découverte, ce seroit lui prouver qu'il ne se donneroit pas plus de mouvement que ses Prédécesseurs, & qu'en ce cas, il ne manqueroit pas de demander son changement, d'où pourroit résulter sa révocation : tel est le langage de tout Directeur en général.

D'après donc pareils soupçons lâchés & assaisonnés de semblables menaces, quelque disposition naturelle que nous ayons à être honnêtes-gens, (continue cet honnête-homme de Commis à coin de beurre), pouvons-nous ne pas être exposés à commettre quantité d'injustices, même involontairement ?

L'idée que nous avons frapée que tel ou tel autre est un fraudeur de profession, & la crainte de perdre, avec notre pain, souvent celui de nos femmes & de trois ou quatre petits enfans, joints au désagrément d'être obligés de mettre bas cet-

---

* Il est à remarquer qu'il n'y a presque aucuns Commis qui délivrent copie de leurs procès-verbaux aux prévenus de fraudes, immédiatement après leurs découvertes, & que presque toujours leurs procès se rédigent sous leurs cheminées, ou sous la dictée de leurs Directeurs ou Contrôleurs, ce qui donne occasion à une infinité d'injustices, parce qu'il est rare que les circonstances se trouvent raportées telles qu'elles sont.

ce épée & cette parure, qui nous plaiſent tant ; pour reprendre l'état obſcur & pénible auquel notre naiſſance nous deſtinoit, ou de rentrer dans le ſein d'une famille où nous n'aurions plus cette même liberté ; tout ne nous impoſe-t'il pas la dure néceſſité de faire Procès ſur Procès ? Et pour y parvenir, pouvons-nous nous diſpenſer de regarder les moindres aparences, comme autant de certitudes, & de certitudes mêmes phyſiques ? Non certainement, *conditio ſine quâ*, plus d'état, *conditio ſine quâ*, plus de pain ; car, *non datur medium.* Auſſi, malgré nous, arrive-t'il ſouvent que beaucoup de familles ſe trouvent réduites à la mendicité, ſans cependant l'avoir mérité. Ce ſera pour une bouteille de vin, charitablement donnée pour le ſoulagement d'un pauvre malade qui, faute de ce ſecours, ſeroit en danger de périr. Pour avoir donné humainement le rafraîchiſſement à trois ou quatre voyageurs ſans argent, ou, s'ils en avoient, fort éloignés de Cabarets que leurs forces ne permettoient point de joindre : Pour avoir malheureuſement perdu le Congé d'un tonneau de cidre ou de vin que l'on voiture, ou, ſi on l'a, pour être trouvé à tel Hameau, dans telle Paroiſſe, pendant que ſuivant la deſtination y référée, on doit être dans tel autre Hameau, dans telle autre Paroiſſe ; accident qui peut arriver : Pour ſe trouver pris de la nuit au milieu d'un bois, ou d'une forêt toute percée de chemins, deſquels à un carrefour on prend l'un pour l'autre ; ou bien encore, pour arriver dans un lieu ſujet aux droits d'Entrée, depuis le premier Avril juſqu'au dernier Septembre, avant cinq heures du matin, & après huit heures du ſoir ; & dans les ſix autres mois, avant ſept heures du matin & après cinq heures du ſoir. Pour, demeurant ſur Pays de Quatriéme, avoir, ſans en connoître les conſéquences, été chercher une bouteille de vin à un Cabaret de Pays de Huitiéme, lequel Cabaret ne sera quelquefois distant que de la traverse d'une rue ou d'un chemin. Pour avoir puisé dans la Mer, sa voisine, une goutte d'eau, de laquelle l'on aura eu un besoin pressant. Pour, manquant de sel & fort éloigné des endroits, auxquels seuls il est permis de s'en aprovisionner, être surpris en empruntant plein une cuiller d'un de ses voisins; pour en avoir fait provision de deux livres de plus; en avoir levé deux livres de moins; ou enfin avoir salé viande, beurre ou fromage, sans en avoir prévenu auparavant le Fermier; & ce, en si petite quantité que ce puisse être, parce que l'on présume toujours, en faveur du Fermier, qu'on doit s'être servi d'un sel défendu : il faut absolument qu'un particulier se décide à perdre sa viande, son beurre ou son fromage, ou que pour sauver un objet de 10 à 12 sols, il perde une journée entiére de son tems pour aller au Bureau du Fermier, souvent écarté de sept à huit lieues (*a*). Pour avoir dans son jardin potager cinq ou six pieds de tabac, dont il se sera par hazard trouvé de la graine, parmi d'autre que l'on aura semée, & que l'on aura conservées par curiosité, ne connoissant point les plantes, ou, si on les connoissoit, dans l'esprit d'en faire les remédes auxquelles elles sont propres. Pour, entrant à Paris ou autre Ville, avoir omis de déclarer à la premiére barriére, avoir dans sa valise un couple de chemises, ou de paires de bas neufs à son usage, soit pour ne pas sçavoir avoir quelque chose de neuf, ou, si on le sçavoit, pour ignorer être obligé d'en passer déclaration. Pour, si vous êtes reçu Maître Boucher dans une Ville, être trou-

(*a*) Présumer la fraude..... Quelle abomination! Pareille chose est contre la disposition de toutes Loix, divines comme humaines. *Fraus non presumitur*; on doit la constater.

vé dans un lieu non sujet aux droits d'Inspecteurs aux Boucheries, chez un Cabaretier ou autre Particulier de vos amis, dépouillant un veau, que cet ami vous aura prié d'égorger, pour la provision de sa maison. Pour, si vous êtes Cabaretier, avoir chez vous une bouteille de cidre, que des buveurs pris de vin y auront laissée, de laquelle bouteille le cidre se trouvera dissemblable de celui du tonneau duquel il aura néanmoins été tiré (*a*); lequel changement peut être occasionné par une trop grande délicatesse de ce cidre, par la chaleur, ou enfin par le long laps de tems qu'il est tiré. Pour, si vous êtes Cabaretier, être trouvé sortant de la cave de votre ami avec deux bouteilles de cidre ou de vin, qu'il vous aura prié d'aller tirer pour votre dîner commun, pendant qu'il est occupé à le préparer. Pour, chez vous, Cabaretier, être trouvées deux personnes à table, servies d'une autre liqueur que celle de votre Cabaret, qu'elles auront envoyé chercher par leurs domestiques, chez un autre Cabaretier, ou parce que la vôtre ne se sera point trouvée de leur goût; ou parce que vous n'en aurez point eu de la qualité qu'elles ont coutume de boire. Pour, si vous êtes un homme du commun, duquel, en cette qualité, les boissons ayent été prises en charge pour les éxercer comme celles d'un Cabaretier, fatigué de voir faire chez vous perquisition sur perquisition, & de vous voir à chaque instant du jour troublé dans votre ménage par des Employés, que vous ne croyez point fondés à vous visiter de la sorte; leur avoir fait un refus de visite, duquel

(*a*) Ajouter foi à un rapor simplement apuyé sur une dégustation faite à la hâte, comme celle des Commis, c'est être exposé à commettre souvent de grandes injustices. Des Employés frapés de l'impression naturelle que leur cause la joie de tenir une proie qu'ils doivent partager, sont-ils alors susceptibles de toute l'attention qu'éxige pareille opération?

quel vous ignorez les conséquences (a). Pour vous, pauvre malheureux, qui avez une mauvaise écurie, avoir refugié en icelle quelques chevaux ou quelques ânes, le jour de Marché de votre Ville ou de votre Bourg, afin d'attraper quelques sols pour avoir du pain à des petits enfans, qui n'ont que de l'eau à boire, &c. me dit-il ; car, outre que je ne me flatte pas de sçavoir tous les cas où nous pouvons verbaliser, quoique depuis dix ans que je suis dans l'Emploi, je ne m'occupe à autre chose qu'à m'en instruire ; il me faudroit une huitaine, au moins, pour vous raporter ceux que je connois, où, sans la moindre fraude, vous êtes néanmoins exposé à encourir des Amendes & Confiscations capables de vous ruiner ; & à faute de moyen de solder, de vous faire pourrir dans les prisons ; car, lorsque la vente de tous vos effets, de votre lit, de votre table, de votre écuelle & de votre marmitte, se trouvent insuffisans pour remplir le Fermier de son dû, c'est par votre captivité qu'il achéve ordinairement de se satisfaire.

(a) Il est d'observation que l'intention de la Compagnie est que dans chaque Ville & dans chaque Bourg, il soit chargé aux Provisionnaires un certain nombre de gens du commun, comme Menuisiers, Charpentiers, Marchands, Serruriers & autres personnes de métier, desquels les boissons soient aussi souvent exercées que celles des Cabaretiers, pour, dans le cas d'une plus forte consommation que celle qui leur est permise, leur faire payer les droits de détail du prétendu excédent de leur légitime consommation ; & il en résulte des abus de la derniére conséquence, parce qu'au défaut de personnes suspectes, Messieurs les Commis, pour satisfaire aux ordres de leurs Commettans, prennent indifféremment en charge les boissons des premiers qui leurs viennent à l'idée, & y font ensuite visite sur visite, perquisition sur perquisition, comme s'ils les connoissoient pour être des fraudeurs de profession, & font, en vérité, payer des droits de détail à des personnes qui n'ont jamais eu l'intention de faire mauvais usage de leurs boissons ; mais ils présument que cela peut arriver, ainsi cela suffit : la possibilité de la fraude en devient l'équivalent.

Voilà, Sire, l'échantillon que me donna ce Commis, des accidens ordinaires & fréquens, auxquels chaque jour, à chaque instant, votre misérable Peuple se trouve exposé, en m'assurant, qu'en tout ce que dessus, il ne me parloit encore que des accidens purement involontaires de la part des Commis; que de ceux, que lui-même avoit peut-être occasionné déja nombre de fois; que de ceux, dis-je, que des Commis, auxquels l'art de deviner n'est point donné, peuvent réaliser toutes fois & quantes, sans, pour cela, en passer pour moins honnêtes-gens. Mais, sur le grand nombre, Sire, combien s'en trouve-t'il, qui, sans le moindre scrupule, qui, sans le moindre remords, alliciés par cet odieux Tiers à eux revenant bon, comme dit est; corrompus par l'apas de cette remise sur l'excédent de fixation des droits de Détail, séduits par l'espoir d'un avancement qui leur est promis par leur Directeur, en considération de cet autre odieux Tiers revenant bon qu'ils lui procurent, avec sa part également à ladite remise, sur l'excédent de fixation des droits de Détail. Combien, dis-je, sur le grand nombre, s'en trouve-t'il qui commettent les plus grandes bassesses avec connoissance de cause; qui coupent & tranchent au gré de leur infâme cupidité, au gré de leur sordide & exécrable intérêt? J'ose vous l'assurer, Sire: comme dans cette maudite partie la vertu ne sert à rien, & que les forfaits seuls, sont les routes qui conduisent à la fortune, cela fait, que l'honnête homme en y entrant, commence par perdre insensiblement toute délicatesse, & ensuite s'abandonne nécessairement à une espéce de filoutage; & que tout autre, commence par un honnête filoutage, & finit ordinairement par des friponneries les plus étoffées; & je vous en parle sçavamment, Sire: moi-même, qui ai l'honneur d'aprocher aujourd'hui Votre

Majesté, j'en ai vu de mes propres yeux, des époques certaines. S'il entre par hazard, dans cette partie, quelques jeunes gens de famille, ou il faut qu'ils se décident à abdiquer tous sentimens d'honneur & de probité, ou ils n'y tiennent pas long-tems ; à moins, cependant, qu'ils ne fussent recommandés par le bon coin ; & encore trouveroit-on le moyen de leur faire perdre à la fin leur Protecteur : j'en ai vu des éxemples bien récens, & certainement, dans des jeunes gens bien méritans.

Telles sont, Sire, les abominations résultantes de vos Fermes, dont le Ciel rougit à tout instant ; votre malheureux Peuple est-il donc fondé, ou non, à demander aujourd'hui la supression de la cause de tant de maux inévitables ?

D'après pareilles véxations, combien ne lui seroit-il pas doux d'avoir la liberté d'obliger, de donner, de vendre, d'échanger, de disposer à son gré & à sa volonté, de tout ce qui pourroit lui apartenir ; & finalement, de pouvoir jouir paisiblement de tous les avantages que lui présenteroit la nature ?

Quelle satisfaction ne seroit-ce pas pour celui-ci, de pouvoir ensemencer, en tabac, une terre qui lui paroîtroit y être propre ? Pour celui-là, voisin de la Mer, d'avoir la liberté d'y puiser de l'eau à son besoin ? &c.

Le tabac, le sel, le vin, le cidre, l'eau-de-vie, &c. devenant d'un commerce libre, on ne verroit plus de tyrannie dans nos Campagnes, plus d'abominations dans nos Bourgs, plus d'éxactions dans nos Villes : toute surprise tomberoit, Sire, lorsque l'on n'auroit plus de ces fainéans à enrichir, dont la fortune ne se fait jamais, je l'ose dire, qu'aux dépens de celle de tout un Peuple (a) ; & ce seroit alors, que Votre Majesté

(a) En Normandie, aux environs de Rouen, & dans les

auroit la joie de voir le Commerce reprendre vigueur, tous les Arts, tant libéraux que méchaniques, refleurir ; & finalement, de voir tous ces Sujets dans la possibilité de devenir à leur aise, chacun proportionnellement & relativement à son état ?

Ce seroit alors, SIRE, qu'on verroit les espéces numéraires aller & venir, & avoir une circulation aussi abondante que prompte.

La fortune n'ayant à arroser, de ses douceurs, que ceux qui se mettroient dans le cas de les mériter par des occupations nobles, nécessaires &

Paroisses, sujettes aux droits d'entrée, que fait le fermier? Comme les produits sur les boissons de crû sont plus forts que ceux de celles d'achat : par arrangement avec tous les particuliers desdits lieux, il fait passer la plus grande partie des boissons qu'ils achetent pour être de leur crû, & fait à ce moyen un tort considérable à la Ville & Communauté de Rouen, parce qu'elle se trouve frustrée des produits qu'elle a à percevoir sur les boissons d'achat desdits endroits ; de façon que le Fermier gagne sur cet objet seul, au moins 30 ou 40000 liv. par an, aux dépens de la susdite Ville ; & le particulier est toujours très-satisfait, parce qu'il payeroit beaucoup plus, s'il n'étoit soustrait auxdits Droits de la Ville. Le Fermier est si plein de supercherie, qu'on l'a vu cacher ses produits au détail, afin de faire tort à ladite Ville, & de la déterminer à lui affermer ses Droits d'Aides qu'elle faisoit régir ; & voici comment il s'y prenoit. Si un Cabaretier avoit vendu 100 pots de vin à 28 sols le pot, on ne lui tiroit les droits de détail que de 50 pots, & les 50 autres pots paroissoient déchargés au portatif de ses Commis. Mais...dira quelqu'un, cela est-il possible ? Lui-même n'auroit-il pas perdu la moitié de ses droits ? Point du tout. Dans cette Ville, le Fermier fait ordinairement moitié de remise sur les prix des boissons ; ainsi il n'en faisoit aucune sur cette moitié : au lieu de tirer ces 100 pots de vin à 14 s. (ce qui fait moitié remise sur le pied de 28 s.,) il en tiroit 50 à 28 s. ; c'est-à-dire, un peu plus de 50, pour ne pas perdre les droits de subvention à la consommation de la quantité dont il sembloit décharger le Cabaretier. Il a fait cette manœuvre jusqu'au jour que ladite Ville a été obligée de lui affermer sesdits Droits d'Aides.

intéressantes pour le bien & l'utilité publique ; ce seroit alors, que la splendeur & la magnificence de votre auguste Couronne se rétabliroient.

Et l'Etat n'ayant plus de sangsues à repaître, plus d'inutiles à enrichir ; & ainsi débarrassé du fardeau onéreux d'une légion de personnes, que l'on peut dire hardiment, ne sembler éxister que pour en affoiblir, diminuer, épuiser & faire tomber nécessairement, en décadence, toute l'harmonie naturelle ; ce seroit alors, dis-je, que Votre Majesté auroit l'agrément de rétablir, avec sa tranquillité, celle de son Peuple infortuné.

Tu as raison, me dit le Roi ; je vois maintenant que ce n'est pas sans fondement que mon Peuple se plaint & demande, par la bouche de mes Parlemens, la supression de ce qui s'apelle droits d'Aides, droits de Ferme Générale ; les abus que tu m'en cites me paroissent terribles ; je remarque qu'effectivement mes Traitans ne sont autre chose que de vrais sangsues, qui, en suçant & faisant sucer aussi souvent l'innocent que le coupable, n'auroient pas tardé à porter par-tout la désolation & la ruine.

Certainement, Sire, lui répartis-je : votre Ferme Générale occasionne une vraie tyrannie ; car les droits d'icelle, quoique fixés, n'ont néanmoins de limites que celles qu'il plaît au Fermier leur donner ; c'est lui qui régle le prix des Boissons vendues en détail : si un particulier les déclare vendre à moindre prix qu'il ne juge à propos, il est autorisé de s'en aproprier à raison du prix déclaré, déduction faite de ses droits, pour les faire vendre ensuite pour son compte ; &, en frustrant ainsi tout le monde de l'avantage qu'il devroit trouver dans des années abondantes, il a le secret de fructifier autant que bon lui semble, quoique contre tout principe d'équité & de justice, contre même tout droit des gens. Lors cependant de sa demande de pareille autorisation ; *loin de faire tort au Débitant de bonnefoi*, alleguoit-il, *il devoit lui procurer par-là un très-grand avantage, puisqu'il lui feroit toucher, sur le champ, en gros, le même prix de ses boissons, que s'il eût eu la peine de les vendre en détail.* Jamais raisonnement fut-il apuyé sur des principes plus faux ? Comme si un particulier, sans donner à boire, pouvoit également faire commerce de pain, viande, & autres denrées, pour raison de la vente desquelles seules, il peut avoir quelque bénéfice. (*a*) D'ailleurs, en suposant que cela ne fît aucun tort au particulier vendant, je voudrois bien sçavoir s'il est plus permis d'en faire aux particuliers achetans. Le Fermier en est-il moins un éxacteur ? Quel droit a-t'il de faire payer tout plus cher qu'on ne devroit payer ?

Une chose encore aussi criminelle, que je remarque dans la conduite du Fermier, c'est que si un particulier, par ignorance ou par bonne foi, se contente de lui passer verbalement sa déclaration du prix de ses boissons, & qu'il ne prenne pas la précaution de le lui faire signifier, (ce qui est presque général) il soit obligé d'en payer les droits sur le pied du prix porté par ses Commis, sans qu'il puisse être admis à la preuve de ce qu'il n'a passé sa déclaration qu'au prix de tant ; & que réellement il n'a vendu sesdites boissons que le même prix (*b*) ; & ceci est néanmoins de la

(*a*) Il est d'observation qu'il n'y a aucun bénéfice à faire sur les boissons, & que si quelqu'un en met en vente, ce n'est que pour favoriser le Commerce de ses autres denrées.

(*b*) Pour mettre l'égalité qu'il devroit y avoir entre le sort du Fermier & celui du Cabaretier, pourquoi ne pas admettre ce dernier à la même preuve que le premier ? Puisque l'un a le pouvoir de faire preuve de la fausseté des déclarations, pourquoi refuser à l'autre celui de faire preuve de la sincérité de sa déclaration ? De ceci il résulte un abus in-

dernière conſéquence pour tout le Royaume, car je ſuis certain qu'en pays de quatrième, ſur cent Cabaretiers, il y en a quatre-vingt-dix auxquels l'on fait payer les droits de détail d'un ſol par pot, en ſus du prix déclaré & réellement vendu; & ce, à l'égard des Bierres, Cidres & Poirés ſeulement; car quant aux autres liqueurs de plus haut prix, cela va beaucoup plus loin : j'ai vu, dans la baſſe-Normandie, tirer les droits de l'Eau-de-vie vendue vingt-quatre ſols le pot, ſur le pied de trente-deux ſols; ceux de vin, vendues quarante ſols, ſur celui de quarante-huit ſols, &c. (*a*) Fut-il jamais, SIRE, concuſſion plus abominable! Il y a plus, c'eſt qu'il n'y a perſonne qui puiſſe connoître ſa ſituation avec le Fermier, parce qu'il ſe donne bien de garde de délivrer à qui que ce ſoit copie des Actes obligatoires qu'il fait à chaque inſtant par les perſonnes de ſes Commis; ces derniers ſe contentent de faire mention, à la fin de chacun d'iceux, qu'ils en ont laiſſé copie après ſommation de les ſigner (ce qu'ils atteſtent toujours avoir été refuſé,) & il eſt à remarquer, SIRE, que tous ces Actes ſe font, pour l'ordinaire, ſous leurs cheminées; de façon qu'il n'eſt pas bien difficile au Fermier, de profiter à chaque inſtant de l'ignorance où il laiſſe un chacun : je vous jure qu'au

---

concevable. Autant de permettre au Fermier de puiſer à ſon gré dans la bourſe même du Cabaretier.

(*a* Comment veut-on qu'un Cabaretier ne s'efforce pas de tromper celui dont il ſe voit trompé? D'ailleurs un Cabaretier qui n'a déja aucun bénéfice ſur ſes boiſſons, en ne payant même que les droits qu'il doit légitimement, pourroit-il y tenir, s'il ne faiſoit quelque fraude lorſqu'on lui fait payer un quart ou un cinquiéme de plus qu'il ne doit, ſans parler encore des droits des petites boiſſons qu'il conſomme pour l'uſage de ſa maiſon, deſquelles on ne lui fait aucune grace? Dans les campagnes il arrive ſouvent qu'un Cabaretier n'ayant rien vendu pendant un mois, ne paie à la fin d'icelui que les droits de ſa conſommation.

moyen de certains détours, à lui & à ses Préposés connus, il en est le maître, en quelque façon, despotique, sans que la loi l'en puisse reprendre : il est l'arbitre souverain du sort de votre Peuple.

Tous les Arrêts & Réglemens qu'il surprend ingénieusement tous les jours, sous le nom de moyens tendans purement & simplement à prévenir les fraudes, (car c'est-là toujours le prétexte qu'il allégue) lui servent ordinairement d'autant de boucliers contre la loi même; & par la mauvaise aplication qu'il en sçait faire, d'autant de manteaux pour couvrir les injustices les plus criantes. Il n'éxiste pas désormais un seul droit, à l'extension duquel le Fermier ne trouve le secret de parvenir; (*a*) il est grand tems, Sire, d'aporter reméde à semblables véxations, sans quoi, ç'en seroit fait en peu de tems de votre Etat, il ne tarderoit certainement point à être perdu de fond en comble; il touche à sa ruine. Vous avez, Sire, toujours pris plaisir à être plutôt le pere de vos Peuples que leur Roi, ainsi, il faut que Votre Majesté se décide à en produire aujourd'hui un Acte souverain en les délivrant de l'opression, & de la persécution continuelle où ils sont actuellement exposés par raport à vosdites Fermes.

Sans doute, me répondit le Roi, que j'ai toujours pris plus de plaisir à traiter mes Peuples en vrai pere, qu'en Roi. Ils doivent être persuadés que je ne m'occupe à chercher ma satisfaction que dans la leur propre; & bien plus, c'est que je regarde

(*a*) M. le Marquis d'Harcourt, de Valognes, en 1758, fut contraint à payer un droit d'annuel en qualité de Marchand en gros. Son Marchand lui ayant, par erreur, fait un envoi d'une plus grande quantité de piéces de vin qu'il n'avoit demandé, il fut réputé Marchand en gros pour la rétrocession qu'il fut obligé de faire du surplus de sa provision, & en conséquence il fut chargé au portatif des Marchands de vin en gros, au nombre desquels il fut confondu, malgré toutes representations.

regarde mon Etat, comme ne formant qu'un ſeul & même corps, duquel je ſuis le Chef, mes Sujets les membres, & l'argent le ſang; &, partant de ce principe, j'entens que l'argent, en ſa qualité de ſang de ce corps, circule déſormais du chef aux membres, & des membres au chef ſucceſſivement, avec tant d'ordre, avec tant d'économie & une ſi grande proportion, que jamais ma ſplendeur & ma magnificence ne ſoient dans le cas d'être préjudiciables au bien-être de tous mes Sujets que, en bon pere de famille, je veux traiter, comme mes propres enfans; je ne me ſens rien au monde de plus cher qu'eux.

Je veux déſormais tenir un ſi bel ordre dans mon Etat, que jamais les biens ne s'y puiſſent acquérir que par des voies légitimes, & n'y être recherchés que par une noble émulation.

Mon intention eſt que jamais Place ne ſoit donnée qu'au mérite; que la vertu ſoit récompenſée & le vice puni ſévérement, de quelque rang qu'il ſoit.

Je veux qu'à l'avenir mon Miniſtére ſoit toujours bien compoſé; & à cet effet, qu'il ne ſoit mis à la tête de chaque partie d'icelui, que des Sujets, dont le déſintéreſſement & les ſentimens d'honneur & de probité, ſoient auſſi connus que leur capacité.

J'entens qu'à l'avenir, mon Gouvernement ſoit doux; qu'à l'avenir l'intérêt particulier, la flatterie & l'impoſture y ſoient abſolument inconnus; & que la vérité, la pureté des ſentimens du cœur, la droiture & la juſtice, y ſçachent régner avec tant d'empire, que jamais qui que ce ſoit n'ait occaſion de s'en plaindre. L'hiſtoire du Canada me fait faire beaucoup de réfléxions. Allons, ne perdons point de tems, paſſons promptement à d'autres articles: c'en eſt décidément fait de ma Ferme Générale; & ſur les traits que tu viens de m'en raporter, je te proteste que je n'ai jamais aboli rien de si grand cœur ; je suis cependant un peu inquiet sur le sort de tout ce monde qu'elle faisoit vivre : que vont devenir ces pauvres malheureux ? Ce qu'ils deviendront....., SIRE, lui répartis-je sur le champ ! que leur sort ne donne aucune inquiétude à Votre Majesté, il sera certainement bien moins à plaindre que celui de tous ces braves Officiers & Soldats qui viennent d'être réformés à la Paix, après avoir exposé leur vie, comme ils ont fait, pour la défense de la Patrie ; parce que le métier des derniers n'a occasionné que le délabrement de leur fortune ; au lieu que celui des premiers ne peut, au contraire, avoir contribué qu'à augmenter la leur : ou bien, ils auroient été de mauvais ménagers ; & en ce cas, ils mériteroient leur sort. D'ailleurs, SIRE, pour faire le bonheur de trente ou quarante mille fainéans, faut-il que cinq ou six millions d'Agricoles, & autres Personnes nécessaires dans un Etat, soient faits esclaves, & retenus dans les fers & dans la gêne ? A quel droit, Messieurs les Traitans & leurs Commis, peuvent-ils prétendre devoir vivre & faire leur fortune aux dépens de celle de tout un Peuple ? Il y a plus : c'est qu'à tous égards, de la supression de vos Fermes, il n'en peut résulter qu'un bien général ; ce sera un moyen pour restituer à l'Etat une infinité de personnes qui étoient retenues dans l'inutilité pour le bien de la Patrie.

L'un rentrera dans le sein de sa famille, que le libertinage seul lui avoit fait abandonner ; l'autre prendra un état plus convenable à sa naissance, soit dans l'Epée, soit dans la Robe, soit dans le Commerce de Terre ou dans celui de Mer. Celui-ci sera obligé de reprendre le soc de la Charrue, qu'il n'avoit quitté que par fainéantise ; celui-là retournera servir un Maître, &c.

Plusieurs familles seront bien plus satisfaites ; les terres se trouveront bien mieux cultivées ; quantité de Maîtres auront l'agrément de voir rentrer, à leur service, de bons domestiques qu'ils n'avoient perdu qu'à regret : l'argent y circulera beaucoup plus, & tout le monde y trouvera son compte ; au lieu que dans la situation actuelle où sont les choses, la circulation des especes numéraires se trouvant arrêtée par des Traitans, qui ne comptent leur bénéfice & n'amassent l'or & l'argent en tas que par millions ; les consommations nécessaires, à peine se faisant, les denrées tombent nécessairement par-tout en nulle valeur, & le Cultivateur succombe, malgré qu'il en ait, parce que la misére du Peuple empêchant la valeur de ses denrées, les moyens lui manquent de faire cultiver davantage ses terres, comme elles le devroient être, il est obligé d'en laisser une partie inculte, & c'est un grand malheur pour un Etat ; car il est d'un principe certain, & qu'on ne peut révoquer en doute, que l'Agriculture en forme la principale richesse ; elle est incontestablement à un Etat, ce que l'ame est au corps de l'homme.

Ton raisonnement me paroît juste, me dit le Roi ; je vais défendre, sous des peines si grandes, de me parler jamais de Fermes, de droits d'Aides & de Gabelles, que je ne présume pas que quique ce soit ose s'y exposer & je déclare tenir pour mon ennemi juré & celui de tout mon Peuple, celui qui pousseroit l'effronterie à ce point. Ne connois-tu point encore d'autres abus dans mon Royaume ? parles sans crainte ; quand ton Roi t'ordonne, c'est à toi d'obéir sur le champ.

Sire, lui répondis-je, entre un nombre infini d'autres, deux encore aussi considérables, comme j'ai déja eu l'honneur de le dire à Votre Majesté, c'est le trop de dépenses inutiles, dans lesquelles l'on s'étudie chaque jour à conſtituer Votre Majeſté, & le peu d'économie dans l'emploi & dans la diſtribution de vos deniers ; de la façon que je remarque tout aller, Votre Majeſté toucheroit tous les ans le revenu entier de ſon Royaume, que ſon Treſor n'en ſeroit pas pour cela plus garni. Ce qui coûte cinq ſols à faire faire, eſt ordinairement porté en compte à Votre Majeſté à dix ſols, & en bien des circonſtances à quinze & à vingt ſols. Un Vaiſſeau que l'on porte en compte à Votre Majeſté à un million, revient tout au plus à cinq cens mille livres, ou ne devroit revenir qu'à cette ſomme, ſi on le faiſoit conſtruire avec la même économie que ſi c'étoit pour un ſimple Armateur : un cheval qui, à payer tout au plus cher, dépenſe ordinairement trente ou quarante ſols par jour dans vos écuries, ne fait guére de repas à moins de quatre livres ou cent ſols ; &, à commencer par la bougie, il en eſt à peu près de même à l'égard de toute votre autre dépenſe, dans le détail de laquelle Votre Majeſté me diſpenſera d'entrer, comme trop longue à lui faire pour le preſent ; en deux mots, il n'entre jamais dans vos coffres qu'un pour cent, pendant qu'il en ſort preſque toujours cent pour un. Il eſt à remarquer, Sire, que preſque tous 9. qui ſont deſtinés pour Votre Majeſté, par ſon Peuple, ou perdent en chemin leur queue, ou, par modération, à leur arrivée à leur deſtination, ne l'ont plus dans la même poſition ; & quant aux Comptes qui ſont rendus à Votre Majeſté, il eſt rare d'y trouver un zéro qui ne ſoit décoré d'une queue, ſoit en haut ſoit en bas ; chaque zéro alors enfante ſon 6 ou ſon 9. Voilà préciſément, Sire, l'unique cauſe du malheur de votre Etat, & de la miſére de vos Peuples.

Pour en agir ainſi, me répliqua le Roi avec un air tout attendri, & indigné en même-tems, est-ce que ceux qui sont employés à mon service ne sont pas suffisamment apointés ? Je n'en sçais rien, lui répondis je ; tout ce que je sçais, c'est que je ne puis comparer mieux votre Palais qu'à un gouffre, tout y disparoît & y est englouti de la même maniére, & cela sans qu'il en paroisse être fait une plus grande dépense pour la gloire de votre Régne. Je te donne ordre d'éxaminer cela sans perdre de tems, me dit-il ; suivant ce que je vois il se passe bien du bigotage (*a*) dans ma Cour. Ma foi je ne suis plus du tout surpris d'entendre dire que mes Peuples gémissent & sont malheureux ; tout le monde faisant ainsi sa main, il n'en peut être autrement. Les pauvres misérables ont bien raison de me faire porter leurs plaintes par mes Parlemens ; car, à bien le prendre, me voler n'est certainement autre chose que les voler eux-mêmes, puisque je n'ai d'autre bien que le leur : il faut espérer que peu à peu je viendrai à bout de découvrir la vérité...... Mais en voilà assez pour aujourd'hui sur l'article de Recette & de Dépense; comme aux grands maux il faut de grands remédes, je suis curieux de sçavoir comment tu vas t'y prendre pour faire sortir l'argent duquel j'ai besoin, & donner en même-tems à mon Peuple le soulagement qui lui est nécessaire. Je suis d'avis de faire faire le Cadastre de mon Royaume, qu'en penses-tu ? Il en sera comme il plaira à Votre Majesté, lui répondis-je : quant à moi, je regarde cette opération, non-seulement comme très-inutile, mais encore comme une nouvelle charge pour l'Etat, elle reviendroit à des sommes immenses, & l'on n'en seroit pas beaucoup plus avancé. Il en seroit des personnes destinées à cela, comme il en a été de Messieurs les Contrôleurs des vingt sols, que

(*a*) Bigotage. Mot forgé à l'occasion de ce fameux Bigot du Canada.

j'ai vu rôder & parcourir nos Campagnes ; elles prendroient, comme eux, pour Hôtelleries, les meilleures maisons des endroits où leurs fonctions les apelleroient, & y feroient grande chére & leur partie ; d'après quoi elles en passeroient, en partie, par où leurs Hôtes le jugeroient à propos ; toutes leurs opérations ne feroient jamais que des opérations d'après dîner : d'ailleurs, en suposant le contraire, dans un quart-d'heure aussi pressant, quel avantage Votre Majesté peut-elle espérer retirer de ce Cadastre, qui, presque impossible dans sa vraie éxécution, ne pourroit toutefois être l'ouvrage que de nombre d'années ? Je mets encore, Sire, pareil projet au nombre de ceux que l'on porte tous les jours à Votre Majesté, moins par zèle pour son service, que pour y trouver soi-même son intérêt particulier, ou pour éluder l'admission de projets contraires aux états que l'on a intérêt de conserver & prolonger.

Dans le besoin urgent de l'État, Votre Majesté a un parti bien plus simple à prendre, elle n'a qu'à ordonner à ses Traitans de me remettre, non un état général des produits de vos Fermes, parce qu'il ne seroit peut-être pas plus fidèle que celui qu'on les a vus fournir la derniére fois qu'on le leur demanda, mais partie par partie, tous les Etats de produits généralement qui leurs ont été fournis l'année derniére, d'Octobre 1762 à Octobre 1763, Direction par Direction, Généralité par Généralité ; & ce, dès l'instant de la demande qui leur en sera faite, crainte de changement de leur part auxdits Etats ; & au moyen de ces Etats, ayant vu au juste à combien se monte en totalité les produits de vos Fermes ; alors il sera facile de substituer, en la place de tous ces Droits, un impôt unique à répartir sur tous les endroits y sujets, à proportion de leur production sur cette partie ; & ces opérations une fois faites, je suis physiquement certain que Votre Majesté, en faisant une diminution considérable sur ce qui est payé par ces Droits, pourra encore néanmoins augmenter considérablement ses revenus sur cette même partie; parce que je mets en fait que si de vos Fermes il est payé à votre Majesté cent-quatre millions, il est en au moins fait sortir deux-cens-dix; ainsi, que Votre Majesté, en suprimant ses droits d'Aides, de Gabelles, &c. demande en leur lieu & place cent soixante millions, elle augmentera ses revenus de cinquante-six millions sur cette partie; &, nonobstant cette augmentation, elle soulagera encore son Peuple de cinquante millions qu'il aura de moins à payer qu'il n'a actuellement, par les droits indéfinissables de vosdites Fermes : double avantage pour lui, en ce qu'en outre ces cinquante millions de moins à payer, il se trouvera cinquante-six autres millions de plus dans vos coffres, qui iront toujours à sa décharge sur ce qu'il est obligé de fournir à Votre Majesté, de façon que je trouve qu'à laisser les choses dans leur état actuel, ou suivre le plan que dessus, il y a certainement une différence pour lui de cent soixante-deux millions sur cette partie seule.

Et quant à cet impôt substitué, il n'y aura qu'à le répartir & distribuer; sçavoir, dans les Villes, en forme de Capitation, & dans les Bourgs & Campagnes, en forme de Taille, & ordonner qu'il soit assis & perçu de la même maniére, c'est-à-dire, dans les grandes Ville comme Paris, Lyon, &c. par les personnes ordinairement commises à cet office, & dans les petites Villes, Bourgs & Paroisses, par les habitans de chaque endroit, à tour de rôle avec la voie de cotte, comme pour les Tailles, afin d'empêcher les injustices qui pourroient être commises dans sa distribution, au moyen de quoi, chacun seroit certain de n'être imposé qu'à proportion de ſes revenus en fonds ; & par-là chacun ſçaura à peu près ce qu'il devra payer, & ne ſera pas expoſé, comme il l'eſt maintenant, à ſe voir écraſer, ainſi qu'il n'arrive que trop fréquemment, pour ſouvent ne pas avoir connoiſſance d'un Arrêt ou d'un Réglement, dont le nombre eſt actuellement ſi grand, qu'à peine les plus expérimentés de ceux qui ſont chargés de les faire mettre à éxécution, en connoiſſent-ils le quart. Quant à l'induſtrie, il eſt eſſentiel de n'y pas toucher : comme elle eſt la partie vivifiante d'un Etat, on ne peut trop y porter le Citoyen par toutes ſortes de ménagemens, afin de donner plus d'émulation pour le commerce ; je trouve même qu'il ſeroit aſſez à propos de donner, de fois à autres, quelque récompenſe à ceux qui le pouſſeroient à un certain point.

Et au moyen de cet établiſſement, comme dans chaque Election beſoin ſera d'un Receveur, ès mains duquel l'habitant chargé de la perception de l'impoſition de ſon endroit, aille compter de ſes deniers tous les mois ou tous les trois mois, ſi Votre Majeſté, pour ne pas multiplier davantage les éxemptions, dont le nombre n'eſt déja que trop grand dans ſon Royaume, ne veut créer des Offices *ad hoc*, elle pourra ordonner à tous ſes Receveurs ordinaires de les recevoir pour en compter aux mêmes remiſes que celles accordées pour les Tailles & Capitations ; &, à cet effet, tirer pour raiſon de ce nouvel Office, de chacun d'iceux, & ainſi, *gradatim*, de tous ceux par les mains deſquels, à l'inſtar des ſuſdites Tailles & Capitation, pourront paſſer les deniers provenans de ladite partie avant de parvenir à leur deſtination, une ſomme d'argent proportionnelle à l'augmentation de bénéfice que cette nouvelle recette pourroit leur occaſionner. Voilà déja, Sire, un vrai moyen pour toucher, *ipſo facto*, une ſomme conſidérable, ſans qu'aucun qu'aucun des payans soit dans le cas de s'en plaindre.

Je crois que dans les circonstances presentes, ton projet n'est pas mauvais, me dit le Roi, & qu'il ne seroit pas absolument difficile de le mettre à exécution ; une seule chose me tient : comment faire pour les sommes que je dois sur mes Fermes, & celles que j'ai touchées pour raison de droits accordés sur pois, légumes, volaille, gibier, &c. ? Comment faire, Sire ! faire la rente du tout au denier vingt, jusqu'à ce qu'il soit rentré assez de fonds pour rembourser toutes ces sommes reçues ; cela ne doit pas souffrir la moindre petite difficulté ; puisque Votre Majesté veut rétablir le bon ordre, Elle ne doit certainement pas balancer non plus à abolir une infinité d'autres Droits qui font un tort considérable au commerce & à la consommation de son Royaume ; ce qui sera encore très-facile, en faisant aux Propriétaires de ces Droits, qui leur ont été concédés, une rente au denier vingt, sur le pied de la Finance de leurs Offices, jusqu'à ce qu'il soit également rentré fonds suffisans pour les rembourser.

Ma foi, tu as raison, me dit le Roi ; je suis fort de ton avis à l'égard de tout ce que dessus ; tu m'as déja donné un moyen pour faire entrer de l'argent dans mes coffres, c'est dommage que tu n'en aye encore un couple de semblables à me fournir, sans plus gêner mes Peuples ; je te jure que je les aurois bien-tôt employés.

Sire, repartis-je à Sa Majesté, depuis longtems j'en médite plusieurs, du nombre desquels il s'en trouve deux dont le succès ne seroit pas moins avantageux pour l'Etat, & qu'il seroit même plus convenable d'employer que d'exposer un misérable Agricole, qui n'a déja que de l'eau à boire, à être réduit à la moitié de son pain nécessaire.

Le premier tombe sur les revenus Eccléfiaftiques Séculiers, & le second sur ceux Réguliers.

Comme tous ces revenus font actuellement les plus beaux & les plus étendus de votre Royaume, il me paroîtroit fort jufte que ceux qui les poffédent, fubvinffent à proportion d'iceux aux befoins de l'Etat : gens comme eux, qui n'ont ni famille ni enfans à élever, font dans le cas, plus que perfonne, de devoir contribuer au foutien d'icelui, notamment les Réguliers, comme Bénédictins, Bernardins, Céleftins, Chartreux, Génovéfins, &c. dans chaque maifon defquels il fe trouve cinquante, foixante, quatre-vingt, cent & cent cinquante mille livres de revenu, pour dix, vingt, quarante, cinquante ou foixante Religieux au plus.

Que Votre Majefté veut-elle que des perfonnes que la piété & la dévotion ont fait retirer du monde, pour mener une vie fobre & frugale, faffent de richeffes auffi confidérables ? A propos de Cadaftre, ce feroit les biens de ceux-ci qu'il feroit bon de faire Cadaftrer, pour, après en avoir connu la vraie valeur, les faire contribuer à proportion d'iceux; & encore, fans faire les frais d'un Cadaftre, feroit-il aifé d'y parvenir.

Vous n'auriez qu'à ordonner, Sire, à tous Eccléfiaftiques, tant Séculiers que Réguliers, de fournir, fçavoir; les Séculiers, chacun leur état particulier des revenus qu'ils poffédent, pour raifon des Bénéfices dont ils font pourvus; & les Réguliers, maifon par maifon, un état de tous les revenus attachés à chacunes d'icelles. Dans tous lefquels états, mention fût faite de la nature, efpéce & qualité d'iceux, en quels Hameaux, Paroiffes & Généralités ils font fitués; & finalement en quoi ils confiftent; fi c'eft en terres labourables, prairies, pâturages, bois de haute-futaye, garennes, taillis, maisons, rentes seigneuriales, fonciéres, hypothéques, ou autrement: quel est le prix actuel auquel chaque partie est affermée; le produit ordinaire de ce qui ne l'est point; & quant aux bois de haute-futaye, qu'elle en peut être la valeur en principal, suivant le cours ordinaire des endroits de leur situation.

Et ce dénombrement fourni par les susdits, le rendre notoire dans tous les endroits où ils auroient accusé être situés lesdits biens, avec promesse aux dénonciateurs de la fausseté des déclarations qui auroient par eux été faites, d'une récompense de moitié, valeur en principal de l'excédent de la chose faussement déclarée, pour, les atteints & convaincus de pareille désobéissance, être ensuite condamnés en une forte amende au profit de Votre Majesté, laquelle amende ne pût être moindre que la moitié de la valeur en principal de toute la chose faussement déclarée. Sans faire les frais d'un Cadastre, ce moyen seroit infaillible pour parvenir à en découvrir la véritable valeur: & je mets encore pour la troisiéme fois en fait que Votre Majesté, en ne leur faisant payer que les droits ordinaires qu'elle a toujours entendu en percevoir, pourroit néanmoins augmenter ses revenus d'outre moitié sur cette partie.

Et quant à Messieurs les Ecclésiastiques Réguliers, Votre Majesté pourroit faire plus; Elle pourroit réduire toutes les Communautés de son Royaume à un certain nombre de maisons de chaque Ordre, dans chacune desquelles ne pût être un plus grand nombre de Religieux, que celui fixé par les Lettres-Patentes de leur établissement, & fût assigné un revenu proportionnel à leur quotité & à leurs besoins seulement, c'est-à-dire, suffisant pour les faire vivre honnêtement, chacun suivant sa régle, & non autrement; & le nombre de maisons & de Religieux ainsi déterminé, avec un bien suffisant pour les faire vivre, comme dit est, Votre Majesté pourroit agrandir ses Domaines du surplus de tous leurs biens & revenus, ou ordonner qu'ils fussent vendus, pour les deniers en provenans, être employés aux différens besoins de l'Etat, à la décharge de son Peuple surchargé.

De l'éxécution de ce dernier projet, il ne pourroit encore résulter qu'un bien infini pour le bon ordre de l'Etat. Cela feroit qu'on verroit bien moins de fainéans & bien moins de vrais libertins dans les Communautés; bien moins de ces personnes qui y entrent purement & simplement pour vivre dans l'oisiveté & dans la mollesse; purement & simplement, pour faire une bonne & grande chére; purement & simplement pour se faire traîner vigoureusement dans de riches voitures bien attelées, ou être montés comme autant de petits maîtres à la sortie de leurs maisons pour leurs plaisirs. N'est-ce pas une chose odieuse à voir, qu'un moine en bottes-fortes comme un Capitaine de Cavalerie? N'est-ce pas une chose odieuse à voir, dis-je, qu'un moine se répandre dans toutes les Compag nies, comme la plûpart le font; y soit le premier entré & le dernier sorti; se trouve dans des repas préparés, en un mot se prête à l'amusement des dames comme le dernier des petits-maîtres, & fasse quelques parties de plaisir qui puissent se presenter? Est-ce là de bonne foi leur état? Dieu & ses Apôtres leurs ont-ils donné pareil éxemple? En prenant donc le parti ci-dessus, Dieu par la suite seroit beaucoup moins offensé qu'il ne l'est chaque jour, par la vie mondaine que menent certains de ces Religieux; le Peuple seroit beaucoup moins scandalisé, & ne seroit pas si exposé à succomber sous le poids de ses passions qu'il l'est par leur mauvais éxemple;

& Votre Majesté, en procurant ainsi à ces bons Peres & à son Peuple les moyens de rentrer en eux-mêmes, & de faire plus sûrement le salut de leur ame, trouveroit en même-tems, ceux de rétablir en très-peu de tems son état, sans que qui que ce fût, fût fondé à se plaindre ; pour en ôter même tout lieu, comme il ne seroit effectivement pas juste que tel ou tel autre Religieux qui ne se seroit fait tel, que pour jouir des douceurs & des délices de la vie, & n'avoir conséquemment d'autre régle que son plaisir, se trouvât réduit à mener un autre genre de vie que celui uniquement en considération duquel il auroit prononcé ses vœux. Votre Majesté pourroit obtenir du Saint Pere qu'il fût permis à tous ceux qui seroient dans ledit cas, de protester de nullité des vœux par eux passés comme d'abus, nayant jamais eu réellement la Vocation ni l'inclination de prendre l'état Monastique suos d'autres vues que celles ci-dessus raportées.

Et en attendant le fruit de l'éxécution de l'un des deux partis ci-dessus, faire contribuer tous les susdits, tant Séculiers que Réguliers, *hic & nunc*, au besoin urgent de l'état. 1°. Par des impositions proportionnelles aux biens & revenus qui leurs sont connus pour le present. 2°... Comme je finissois ces dernieres paroles, une puce vint à mordre le chien de mon Berger, alors couché sur une chaise à la tête de mon lit, & en se grattant il me réveilla.

RÉFLÉXIONS
DU SEIGNEUR
SUR LE SONGE DE CE PAISAN.

IL est fâcheux, répondit le Seigneur à Maître Martin, que tu te sois trouvé réveillé au milieu d'un rêve aussi intéressant; car de la maniére que tu te livrois à ton contrôle imaginaire, tu aurois sans doute fait encore bien d'autres remarques que ton réveil ne te permettra point de faire.

Si ton rêve est vrai, l'on peut dire que la France n'est guére le séjour de ceux qui connoissent le local d'un Gouvernement; ou s'ils le connoissent, qu'ils sçavent parfaitement se contraindre, déguiser leurs sentimens, faire penser tout le contraire de ce qu'ils pensent eux-mêmes, composer leur visage, dissimuler, payer de complimens & de mines, & cacher leurs passions & leurs desseins: il me paroît que chacun d'eux n'a pas la même naïveté de la Femme du Maréchal de Cossé, Surintendant des Finances, sous Catherine de Médicis, qui étant venue un jour tirer sa révérence à la Reine, lui dit fort ingénuement: Nous sommes obligés, mon mari & moi, de prier Dieu pour vous, Madame, car depuis un an que M. le Maréchal est dans les Finances, nous nous sommes acquittés de plus de deux cens mille écus que nous devions; & nous avons encore malgré cela acquis cent mille écus de terre; car je pense que Notre Roi, qui a toujours été à son Royaume ce qu'un bon & tendre Pere est à sa famille, & qui a toujours donné a son Peuple tous ses soins

& sa protection, n'auroit point attendu jusqu'à ce jour à couper pied à tant de désordres.

Suivant ce que je vois, il y a eu en France bien des personnes du caractére de Varus-Quintilius ; quand il fut fait Gouverneur de Syrie, cette Province à son entrée dans le Gouvernement étoit aussi riche qu'il étoit pauvre ; mais quand il la quitta, il étoit alors aussi riche qu'elle étoit devenue pauvre. Il laissa cette Province dénuée de tout ; & on allegue sans doute le même prétexte que ce Gouverneur qui avoit écrasé la Loraine : j'ai vexé le Lorain, disoit-il, mais c'étoit pour le service du Roi ; cependant il en tira plus de deux millions qui n'entrérent point dans les Coffres du Prince ; il est bien dangereux d'avoir de pareils hommes dans un état, parce qu'ordinairement son bonheur ou son malheur dépendent de la façon avec laquelle il est gouverné. C'est pourquoi il est bien essentiel de ne confier l'administration des affaires importantes qu'à des gens non-seulement reconnus d'une capacité suffisante, mais encore connus pour être désintéressés, & n'avoir pour guide dans toutes leurs actions & pour régle étroite de leur conduite, que la conscience, le bon sens, l'honneur, le bien public & le véritable intérêt de leur Maître ; & comme il est difficile de trouver des personnes douées de toutes ces qualités, quand on a eu le hazard de les rencontrer, c'est un trésor dont on ne sçauroit remercier assez le Ciel, & qu'on ne peut conserver avec trop de soin par des récompenses proportionnelles à leurs services ; parce que les belles ames ne travaillent que pour la gloire & ne songent jamais à s'enrichir dans les grands emplois qu'on leurs confie ; c'est suivant elles un honteux trafic que de faire servir à amasser des richesses, une charge éclatante où l'on doit être assez content de l'honneur qui y est attaché ; les gens de bien ne se portent jamais à mal faire par aucun intérêt, au lieu que les méchans se laissent emporter par le moindre profit ; c'est par le désintéressement que se montre une belle ame : l'amour excessif de l'argent étouffe dans l'homme qu'il travaille, toutes les semences de vertus qui y sont naturellement ; il ne peut résister à la tentation de s'enrichir, & l'envie d'y parvenir lui permet rarement de consulter si les moyens dont il se sert sont défendus ou légitimes ; qu'êtes-vous donc devenu, mon cher Périclès, vous, qui maniâtes si long-tems les Finances sans augmenter d'un denier le petit bien que votre pere vous avoit laissé ? Ce n'est cependant point pour s'enrichir que les grands emplois d'un état devroient être brigués & reçus ; mais pour rendre heureux les Peuples dont le gouvernement est confié ; c'est par cet endroit unique que le sort de ceux qui y sont apellés me paroît digne d'envie. Je n'ambitionnerois point leur magnificence & leurs honneurs, mais de pouvoir essuyer les larmes d'un malheureux, de mettre à son aise un homme qui souffre, de tirer de l'opression un Peuple que l'on voit accabler : voilà ce qui me charmeroit le plus dans leur condition. Sénéque disoit que ceux qui administrent les Finances devroient en avoir autant de soin que de leur patrimoine, & ne s'en pas plus servir que du bien d'autrui.

Quand des Princes ont choisi des gens pour le maniement des affaires, ils doivent avoir grande attention d'examiner si leur intérêt particulier ne l'emporte pas sur le bien public lorsqu'ils leur proposent quelque chose ; & si-tôt qu'ils viennent à s'en apercevoir, fermer la porte à la pitié, &, pour l'exemple, les faire punir publiquement, sans mettre la moindre différence entre les fautes que la Loi soumet à de semblables peines. Le rang & la qualité n'étant point des dispenses légitimes contre la rigueur des Loix, les mêmes fautes ne devroient

devroient point être punis différemment. L'Empereur Léon faisoit punir sévérement les crimes de quelque rang que fussent les criminels. Sortant un jour de son Palais, il s'arrêta pour écouter la plainte d'un homme de médiocre condition, contre un Sénateur, qui lui disoit que s'étant adressé au Préfet de la Ville pour en avoir justice, il la lui avoit refusée ; sur cette plainte il fit aprocher le Sénateur & le Préfet, ils se défendirent fort mal ; il déposa sur le champ le Gouverneur & fit punir le Sénateur selon la rigueur des Loix. Une maxime semblable est capable de contenir tout le monde chacun dans son devoir.

Si de fois à autre l'on donnoit en France quelques exemples de cette nature, l'on ne verroit pas tant d'injustices y être commises tous les jours ; il n'y a que l'impunité du crime qui le fait éclorre, & faire des progrès. Pour le bien de l'Etat, il seroit bon d'adopter la méthode des Locriens ; chez ces Peuples l'ordonnance étoit, que tout Citoyen qui vouloit introduire une nouvelle Loi, ou s'oposer à ce qu'une soupçonnée être nuisible à la Patrie, fût abolie, vint déclarer publiquement son projet devant le Peuple, afin que si sa nouvelle Loi n'étoit trouvée recevable & profitable au Public, ou son oposition à l'abolition d'une réputée nuisible, fondée & raisonnable, il fût sur le champ puni devant ce même Peuple pour récompense de sa témérité. Si chez nous on pouvoit introduire ce saint usage, on ne verroit pas proposer & soutenir si fréquemment tant de mauvais systêmes.

Donner les Places à la protection plutôt qu'au mérite, & abandonner une trop grande confiance à une personne, sans en avoir auparavant étudié soigneusement le caractére, c'est certainement s'exposer beaucoup. Alphonse avoit un fou à sa Cour qui écrivoit sur ses tablettes toutes les folies qui s'y faisoient chaque jour ; ce Roi voulut un jour lire ce qui étoit écrit dans ses tablettes, & fut fort surpris de voir son nom à la tête de tous les autres, parce qu'il avoit donné dix mille écus à un Maure pour aller en Barbarie acheter des chevaux. Pourquoi m'as-tu mis, dit le Roi, dans ce Catalogue ? Pour vous être fié, Sire, repartit le fou, à un inconnu qui peut décamper avec votre argent. Mais s'il revient avec les chevaux qu'il est chargé d'acheter, que diras-tu ? J'effacerai votre nom de mes tablettes & j'y mettrai le sien.

Vu l'impunité actuelle du crime de ceux qui abusent de la confiance qui leur est accordée ; si en France il y avoit pareil fou que chez Alphonse, l'on verroit sur les tablettes de ce fou le nom de tous ceux qui n'établiroient pas leur fortune aux dépens de l'Etat, parce que n'y ayant à risquer tout au plus qu'une médiocre restitution, ce fou regarderoit certainement comme une folie de ne pas tenter de la faire ; mais je ne crois pas que cela lui donnât beaucoup d'occupation ; je remarque un chacun être trop jaloux de sa réputation, pour s'exposer à se faire inscrire : & c'est là précisément ce qui occasionne le malheur de l'Etat. Quand un Prince est d'une trop grande clémence & néglige d'agir en Souverain, les Peuples se dispensent aisément d'agir en Sujets. Il n'y a rien qui offense plus les bons que de voir les méchans suportés, & rien qui donne plus d'audace pour mal faire que l'impunité du mal : ce n'est pas assez d'exciter ou de faire réprimander de paroles un coupable, il faut le punir suivant la rigueur de la Loi ; toute la Monarchie Romaine alloit au grand galop en perdition par la douceur démésurée de Pertinax. Lorsque les Loix d'un Etat cessent d'être observées dans leur entier, sa décadence est presque toujours certaine : les Loix seules sont la base & le fondement d'un Etat, elles sont la sûreté du Prince, elles sont le bonheur des Sujets. Le Roi Théompompus, de Lacédémône, étant une fois interrogé pourquoi la ville de Sparte fleurissoit ainsi en bonheur, & si c'étoit de ce que les Rois sçavoient bien commander : non pas tant, dit-il, que parce que les Citoyens sçavent obéir & observer les Loix établies.

Les Romains avoient les Loix en si grande vénération, qu'ils rendoient la Justice contre qui que ce fût sans aucun respect. L'on a vu un Junius-Brutus, Consul Romain, ne pas épargner son propre sang : ce Consul ne balança pas à juger ses deux fils Tite & Tibére, à être décapités, étant convaincus d'avoir conspiré pour faire rentrer la race des Tarquins au Royaume de Rome, dont ils avoient été chassés ; & un Phocion, refuser à son gendre Carillas, de l'assister en Jugemen t,étant accusé d'avoir pris quelqu'argent injustement ; lui disant le tenir pour son allié en toutes choses justes & raisonnables seulement : aussi voyoit-on Rome florissante. La Loi chez les Romains étoit un suplément au défaut de la bonté naturelle de l'ame : ceux qui n'étoient vertueux naturellement, le devenoient par crainte.

Il faut convenir que le François sçait bien peu goûter l'avantage & les délices, d'avoir dans l'auguste Personne de Louis XV, le ne peut être assez aimé, plutôt un vrai Pere qu'un Roi, pour mésuser de sa clémence autant qu'il le fait : sous les Loix sages d'un Souverain aussi bon, quel bonheur pourroit égaler le sien ?

Plus & plus je réfléchis sur ton rêve, continua ce Seigneur, en parlant toujours à ce Paysan, sçais-tu que je ne cesse d'admirer tes projets & tes observations, notamment celles sur la partie des Fermes d'Aides & de Gabelles ? il seroit à souhaiter pour le Peuple qu'il te devint posffible de trouver accès auprès de nos Ministres; sur-tout auprès de son ange tutelaire, notre zèlé Contrôleur-Général actuel : je suis intimement persuadé que si les abus que tu en cites, parvenoient à leur connoissance, ils ne manqueroient pas d'en donner sur le champ avis au Roi, & que ce tendre Souverain ne tarderoit pas à réaliser ton songe. Sa Majesté ne se refuseroit certainement pas à purger son Etat d'un aussi onéreux fardeau.

Au moyen de ce que dessus, je trouve que rien ne seroit plus facile que de rétablir, en très-peu de tems, la tranquillité par-tout : & pour semer l'aisance dans chaque partie du Royaume, je voudrois établir des Manufactures dans tous les endroits qui en manquent, de l'espéce convenable aux productions de chacun d'iceux ; établissemens qui feroient certainement aussi avantageux au Roi qu'à son Peuple.

Au Roi, en ce que ces Manufactures y faisant circuler l'argent, il seroit dans le cas d'en tirer davantage de subsides.

Et au Peuple, parce que le Pauvre trouveroit où s'occuper ; parce que les consommations seroient bien plus grandes, parce que les denrées se vendroient bien mieux, & le Cultivateur ne se trouveroit pas écrasé par les droits du Roi, comme il l'est dans quantité d'endroits, faute de pouvoir tirer le parti convenable de ses denrées ; & quant aux endroits qui n'ont aucun débouché pour la défaite de leurs denrées, & qui ne sont propres à l'établissement d'aucune espéce de Manufactures, je voudrois y tenir toujours des Troupes en garnison pour en faire faire la consommation (*a*).

(*a*) Il seroit aussi très essentiel de donner des bornes au faste, rien n'est plus pernicieux dans un état. Il est aujourd'hui poussé si loin, qu'à peine peut-on distinguer un Prince d'avec le

C.

PARLEMENT DE...

PROVINCE DE...

ÉTAT que fournit au Roi son Parlement de... Des Biens-fonds de l'étendue de son Ressort, avec leur nature, leur espéce, leur qualité & leur valeur, suivant les États qui lui en ont été remis par ses Jurisdictions subalternes.

Bailliages.	*Désignation de la nature, espéce & qualité des Terres.*								TOTAL des Arpens & Perches.		Valeur annuelle des fonds.	OBSERVATIONS.
	Labourables.		En Herbages.		En Prairies.		En Bois, &c.					
	Arpens.	Perches.	Arpens.	Perches.	Arpens.	Perches.	Arpens.	Perches.	Arpens.	Perches.		
Caën.	500	6	300	3	200		100	2	1100	11	4600 l.	
Avranches.	400	2	200	1	150	2	50	1	800	6	3400	
Coutances.	356	12	148	6	94	11	62	4	660	33	15000	
TOTAUX.	1256	20	648	10	444	13	212	7	2560	50	23000 l.	

Nous, &c.

D.

ÉTAT du revenu annuel de tous les Fonds du Royaume, Parlement par Parlement.

NOMS des Parlemens.	*Désignation de la nature, espéce & qualité des Terres.*								TOTAL des Arpens & Perches.		Valeur annuelle des fonds.
	Labourables.		En Herbages.		En Prairies.		En Bois, &c.				
	Arpens.	Perches.	Arpens.	Perches.	Arpens.	Perches.	Arpens.	Perches.	Arpens.	Perches.	
Rouen.	706	27	1548	13	894	24	662	11	4810	75	182000 l.
Grenoble.	600	2	1200	1	600		550		2950	3	160000
Toulouse.	500	1	1000	2	450		300		2250	3	150000
TOTAUX.	1806	30	3748	16	1944	24	1512	11	10010	81	492000

A.

PAROISSE DE... BAILLIAGE DE... PARLEMENT DE... PROVINCE DE...

État que fournissent au Roi les Syndic & principaux Habitans de la Paroisse de... Des Biens-fonds contenus en icelle, ainsi que de la nature, espéce, qualité & valeur annuelle d'iceux.

NOMS des		*Désignation de la nature, espéce & qualité des Terres.*								Total des Arpens & Perches.		Valeur annuelle du total des fonds par bail ou par estimation.	OBSERVATIONS.
		Labourables.		En Herbages.		En Prairies.		En Bois, &c.					
Propriétaires.	Terres.	Arpens.	Perches.	Arpens.	Perches.	Arpens.	Perches.	Arpens.	Perches.	Arpens.	Perches.		
Monsieur ...	de Fougeres.	60	2	10	1	2	3	6		78	6	1500 l. 10 s.	
...ean . . .	du Bois. .	20	1	12	2	4		2		38	3	800	
...ierre . .	du Houx.	10	3	5	1	3	1	1	4	19	9	450	
...uillaume.	des Jardins.	9	2	6		2	4	3		20	6	470	
...cques . .	des Jaunes.	7	1	5	2	4	1			16	4	380 10	
TOT	AUX.	106	9	38	6	15	9	12	4	171	28	3601	

Nous Syndic & principaux Habitans de la Paroisse de... certifions l'état ci-dessus, montant à 171 Arpens 28 Perches de terrein, tant labourable, en herbages & Prairies, qu'en Bois, &c. le tout produisant ensemble 3601 liv. de revenu annuel, sincère & véritable en tout son contenu, pour avoir été par Nous exactement formé sur les déclarations faites par tous les Propriétaires de la susdite Paroisse, en conséquence des ordres de Sa Majesté: En foi de quoi, &c.

B.

BAILLIAGE DE... PARLEMENT DE... PROVINCE DE...

État que fournissent au Roi les Grand Bailli, Lieutenant Général, &c. du Bailliage de... Des quotité, espéce, nature, qualité & valeur annuelle des Biens-fonds de l'étendue de leur Ressort, suivant les États qui leur en ont été fournis Paroisse par Paroisse.

NOMS des Paroisses.	*Désignation de la nature, espéce & qualité des Terres.*								TOTAL des Arpens & Perches.		Valeur du total des fonds.	OBSERVATIONS.
	Labourables.		En Herbages.		En Prairies.		En Bois, &c.					
	Arpens.	Perches.	Arpens.	Perches.	Arpens.	Perches.	Arpens.	Perches.	Arpens.	Perches.		
Bion.	106	9	38	6	15	9	12	4	171	28	3601 l.	
Juvigny.	100	1	30		9		20		159	1	3500	
Saint Jean.	150	2	80		70	2	30		330	4	7899	
TOTAUX.	356	12	148	6	94	11	62	4	660	33	15000	

Nous, &c.

L'Etat eſt bien embarraſſé où trouver de l'argent. N'y a-t'il qu'à faire rendre gorge à ceux qui l'ont pillé ? Voir quelle étoit leur fortune avant que d'entrer dans les Charges du Royaume ? éxaminer celle qu'ils ont pu y joindre légitimement par leur économie & leur épargne ; & leur faire enſuite reſtituer le ſurplus, comme un bien apartenant à l'Etat ? La choſe eſt ſi ſimple ; je ne vois pas que cela dût ſouffrir la moindre difficulté. Je voudrois faire rendre à un chacun un compte éxact de ſa geſtion, & cela ſans la moindre partialité : pour donner même l'éxemple aux autres, j'en ferois certainement punir quelques-uns des plus coupaples.

Les réfléxions ſur le projet de faire cadaſtrer le Royaume me paroiſſent aſſez fondées ; je penſe à cet égard à peu près comme toi, ainſi je ne déſaprouve point du tout la préférence que tu donnes à l'éxamen pur & ſimple du produit général de tous les droits à ſuprimer, pour répartir ton Impôt unique ſubſtitué à iceux, à proportion de leur production dans chaque endroit. Cependant, s'il étoit poſſible de connoître la valeur des fonds de tout le Royaume, tu conviendras avec moi que ce ſeroit le moyen d'opérer avec une bien plus grande juſteſſe ; par-là tout le monde indiſtinctement ſeroit dans le cas de payer à proportion de ſon revenu ; & un Impôt unique ſuffiroit. Tiens, lui dit-il, (en lui préſentant les Etats ci-après qu'il tira de ſa poche,) jette les yeux ſur ces plans d'Etats, & après je t'en donnerai l'explication.

---

moindre petit Financier ; & c'eſt un très-grand mal. Il ſeroit encore bon de ſe contenter des productions de ſa patrie, l'argent que l'on fait paſſer à l'étranger, ne ſert à rien moins qu'à le rendre de plus en plus notre ſupérieur ; c'eſt fournir des armes contre ſoi-même.

Tu as bien remarqué ces quatre Etats ; hé bien, à ces quatre Etats se réduiroient toutes mes opétions, pour avoir dans l'espace de moins de six mois de tems, la valeur annuelle de tous les Biens-fonds du Royaume.

Le premier cotté A, seroit celui à fournir par les Syndics & principaux Habitans de chaque Paroisse, au Bailliage dont elle releveroit.

Le second cotté B, seroit celui à fournir par chaque Bailliage, à son Parlement.

Le troisiéme cotté C, seroit celui à fournir par chaque Parlement au Ministre.

Et le quatriéme cotté D, serviroit à ce Ministre à établir le revenu de tout le Royaume, Parlement par Parlement.

Voilà donc le parti que je voudrois prendre pour m'assurer de la valeur du Royaume : & pour mettre chaque Propriétaire dans le cas de ne faire que des déclarations justes, je vais te dire maintenant ce qui suffiroit.

Il suffiroit de prendre la voie que tu as indiquée toi-même en songe, à l'égard des revenus de MM. les Ecclésiastiques séculiers & réguliers, outre qu'il iroit de l'intérêt d'un chacun de ne pas souffrir son voisin déclarer moins de revenu qu'il n'en auroit, puisque cette déclaration feroit la régle de sa part future à payer ; c'est que je ne présume pas que qui que ce fût osât s'exposer à payer une amende de la moitié de la valeur en principal de la chose faussement déclarée ; d'ailleurs, en supposant qu'il s'en trouvât quelques-uns sur le grand nombre, cela seroit toujours de très-médiocre conséquence, & ne pourroit jamais préjudicier beaucoup au bien général (a). Je soutiens

(a) Ceci doit être indifférent au Roi, parce que si les 4. sols pour liv., du revenu de son Royaume, ne lui sont suffisans pour les besoins de l'Etat ; il peut demander les 5 sols pour liv.

que ce parti seroit beaucoup plus sûr pour parvenir à connoître à peu près la valeur du Royaume, que celui du Cadastre ; effectivement, en suposant même qu'il n'arrivât pas la moindre prévarication de la part de ceux qui seroient employés à le former, quel avantage en pourroit-on retirer ? Quand on sçauroit que dans telle ou telle Province il y a tant d'arpens de terre, dont tant de labourables, tant en herbages, tant en prairies, tant en bois, &c. que telle Paroisse en contient tant ; que tel Particulier pour sa part en posséde tant ; que tel terrein raporte telle espéce de denrée, qu'en résulteroit-il de plus ? Seroit-on pour cela plus en état d'en aprécier les productions ? Ne voit-on pas tous les jours que de deux terres contigues l'une de l'autre & donnant les mêmes denrées, l'une est quelquefois fertile d'un tiers ou d'un quart plus que l'autre ; que l'une peut être cultivée tous les ans, pendant que l'autre ne le peut être que de trois années en trois années ? Ne voit-on pas, dis-je, tous les jours que de deux terres produisant, comme dit est, les mêmes denrées, l'une vaut quinze livres la vergée pendant que l'autre ne vaut que quatre livres ou cent sols ? Qui est-ce donc qui est en état de donner la valeur annuelle d'un fonds, autre que le Propriétaire ou voisin de ce fonds ? Il n'y a personne certainement : d'où je conclue que le parti le plus sage à prendre, est celui de s'en tenir aux déclarations de chaque Propriétaire, & à cet effet, de faire passer dans chaque Paroisse du Royaume, un Registre disposé d'une façon à recevoir d'une maniére claire ces déclarations que l'on feroit signer à chacun des Declarans ; pour, après sur ces déclarations, être formé les Etats de l'espéce de celui cotté A ; & pour la sûreté des passans déclarations, il seroit à propos d'ordonner, non-seulement que ce Registre fût déposé au Greffe de chaque Bailliage pour y avoir recours au besoin, mais encore qu'il fût délivré à chacun d'eux, dès l'instant même de leurs déclarations, un autant d'icelles, signé de celui ou de ceux chargés de les recevoir ; pour, dans le cas d'erreur auxdits Etats fournis, ou de fausse dénonciation, les mettre à portée de justifier de la sincérité des déclarations par eux passées ; & au moyen du plan que dessus, le Roi se trouveroit à portée d'imposer à proportion des besoins de son Etat, sans occasionner le moindre murmure à son Peuple ; car si on le voit se plaindre, ce n'est pas de payer au Roi, mais d'être obligé de fournir un louis pour faire toucher six livres à Sa Majesté. Revenons-en à l'avantage du plan que je viens de te montrer.

Suivant l'Etat cotté D, le Royaume produit donc tous les ans quatre cens quatre-vingt-douze mille livres ; & le Roi, je supose, a besoin annuellement de cent vingt-trois mille livres en sus des revenus de ses Domaines & autres Fermes à conserver : n'est-il pas vrai que rien ne seroit plus aisé que de faire une répartition juste de ces cent vingt-trois mille livres, & de voir que telle Province qui produit cent quatre-vingt-deux mille livres, doit payer quarante-cinq mille cinq cens livres ; tel Bailliage qui produit quinze mille livres, doit payer trois mille sept cens cinquante livres ; telle Paroisse qui produit trois mille six cens une livre, doit payer neuf cens livres cinq sols, & que conséquemment, un particulier qui jouit de quinze cens livres dix sols de revenu, doit payer, pour raison de cette imposition sur le Royaume de cent vingt-trois mille livres, annuellement au Roi, trois cens soixante-quinze livres deux sols six deniers ? rien ce me semble de plus clair que cela. Et quant à la levée de cet impôt, l'on pourroit effectivement la faire faire de la maniére expliquée,

pliquée dans ton songe, & à ce moyen, tous les droits pourroient être confondus dans cet impôt unique, ce qui mettroit fin à bien des injustices qui se commettent pour les moindres présens ; car un Liévre a le pouvoir de disposer de l'imposition de la Taille; il est capable de l'augmenter ou de la diminuer.

Telles sont les réfléxions que m'occasionne le recit de ton rêve ; qu'en penses-tu ?

Ce que j'en pense.... Monsieur, repliqua le Paysan ; vraiment je serois bien de votre avis. Vous m'avez fait l'honneur de me dire qu'il seroit à souhaiter pour le Peuple que mon rêve se trouvât réalisé ; mais je crois qu'il ne seroit pas d'un moindre avantage pour lui qu'on tirât parti de vos réfléxions, car toutes me paroissent être très-refléchies. Pour soulager véritablement l'Etat, l'on devroit faire sauter tous Droits de Ferme, de la levée desquels il ne résulteroit pas quelqu'avantage au payant ; tant qu'on ne le fera pas, quelques précautions que l'on puisse prendre, l'Etat sera toujours malheureux.

Dans votre premier Etat coté A, après les cases où vous portez les terres labourables, en herbages, en prairies & en bois, j'ai remarqué un &c. Cet &c. me donne lieu de penser que cet Etat seroit composé de beaucoup d'autres cases ; qu'il y en auroit sans doute pour toutes les espéces de terres généralement, même pour celles en friche, en landages, en marais, en bruyéres, &c. afin d'éxaminer quel parti l'on pourroit tirer de toutes ces terres incultes ? Oui, sans doute, repliqua le Seigneur. Et cette case, intitulée Observations, que vous laissez en blanc à la fin de cet Etat, continua le Paysan, à quoi serviroit-elle ? A porter les observations nécessaires sur chaque article, lui répondit le Seigneur. Et ces cases, Monsieur, que vous avez formées pour porter la quotité des arpens & des perches de terres de chaque Propriétaire ; pensez-vous qu'il y eût lieu d'espérer qu'elles se trouvassent remplies ? Croyez-vous que chaque Propriétaire connoisse l'étendue de son fonds, partie par partie ? Si je le crois, repartit le Seigneur ? sans doute ; & j'y suis fondé, parce qu'il est d'un principe certain qu'il n'y a aucun terrein dans le Royaume, pour raison duquel il ne soit rendu aveu par le détenteur d'icelui, au Seigneur dont il reléve ; & il n'y a aucun aveu dans lequel mention ne soit faite de la grandeur & de la qualité de chaque partie des fonds à l'occasion desquels il est rendu, & ce, à un pied & même à un pouce près.

Votre projet, Monsieur, en vérité est admirable ; rien de mieux que l'ensemble de toutes vos réfléxions, dit le Paysan à ce Seigneur, & ainsi finit leur conversation ; après quoi ils se quittérent, en se promettant l'un à l'autre le secret de leur entretien.

FIN.

CHANSON
PATRIOTIQUE.

Sur l'Air : *Du Port - Mahon.*

POUR rétablir la France,
Pour lui, pour lui rendre l'abondance,
Modifiez la Finance,
Car c'eſt-là tout ſon mal,
Tout ſon mal, tout ſon mal, tout ſon mal.

J'en connois le local;
Son vrai mal radical
Vient d'un trop d'inutiles,
De Sang, de Sang, de Sang-ſues ſubtiles,
D'un tas de Crocodiles
D'apétit dévorant,
Dévorant, &c.

Plus de ces droits d'Aidage
Tirez, ôtez ceux de Gabellage,
Et bas tout maltotage,
S'enrichiront nos champs
Sur le champ, &c.

Qu'au lieu de tous ces Droits,
L'on mette en tous endroits,
Une Taille réelle;
Traitans, Commis, c'est une sequelle,
Dont voici la Cartelle: *
Notre art est de ruiner,
De ruiner, &c.

Je le dis sans absence;
Le Roi, l'Etat n'ont perdu l'aisance,
Ne sont dans l'indigence,
Que pour être pillés,
Trop pillés, &c.

Veuille à ses Parlemens,
Vîte & sans perdre tems,
Le Roi donner audience,
Les voir, les ouir, en leur expérience
Mettre pleine confiance,
Ou l'Etat est perdu,
Est perdu, &c.

---

* Cartelle, inscription autour des Armes, & on leur donna des Sang-sues pour Armes, que l'on soutient être parlantes.

F I N.

www.ingramcontent.com/pod-product-compliance
Lightning Source LLC
LaVergne TN
LVHW020450230826
846091LV00004B/1633
* 9 7 8 2 0 1 6 1 1 2 6 8 7 *